上海報告

关　注　时　代　命　题

服　务　中　国　发　展

上海报告

建设开放度最高的自由贸易试验区

沈玉良·著

上海人民出版社

编者的话

中国特色社会主义事业正处在重要的发展时期，哲学社会科学面临新的时代课题，肩负新的历史使命。为展示哲学社会科学工作者的重大创新成果，推动知名专家聚焦重大理论和实际问题研究，我们决定编辑出版《上海报告》丛书。

《上海报告》丛书的定位，可以概括为：聚焦我国全局性、战略性、前瞻性重大理论和实践课题，回应全球关切和时代命题，形成新思想新观点新认识，提出新构想新思路新对策，为促进实现全面建设小康社会、全面深化改革、全面依法治国、全面从严治党的战略布局贡献力量。

2012 年 10 月，我们编辑出版了《上海报告》第一批丛书 4 种，包括《当代中国的精神力量》、《民族复兴的核心价值》、《上海迈向全球城市：战略与行动》、《现代企业的产权革命》。

经过两年多时间的策划、组织和专家深入研究撰写，《上海报告》第二批丛书 4 种：《建设开放度最高的自由贸易试验区》、《全球科技创新中心：动力与模式》、《全球公司》、《政府作用与市场作用》将于 2015 年 2 月问世。应该说，这 4 种书都是相关领域出类拔萃的专家学者的力作。

《上海报告》丛书得到市委常委、宣传部部长徐麟的关心和指导，市委宣传部副部长李琪给予具体指导。市委宣传部理论处有关同志参加了丛书编辑工作。丛书的出版得到了上海人民出版社的大力支持，他们付出了辛勤的劳动，在此表示衷心感谢。

编　者

2015 年 1 月

目　录

第一部分
肩负国家的重任

■ 经过30多年的改革开放，我国要素资源发生了根本性的变化，不仅需要政府对国内的规则进行调整，而且国内企业加速国际化进程，需要我国参与国际贸易投资新规则的制定。

■ 作为一个大国，重大的制度改进面临着极大的风险，在经济全球化的今天，这种风险表现为经济开放所面临的国家安全和金融风险，制度变革过程需要国家治理结构调整带来的新旧体制摩擦的风险，以及经济改革过程中利益重新分配。

■ 根据国际经验，金融系统性风险爆发的可能性也会随金融改革的加快而大幅度增加。在我国改革深水区中，金融系统性风险可能产生于金融市场化、金融开放和新金融发展等方面。

- 中国需要通过进一步对外开放特别是服务业的对外开放来提升全球价值链，同时需要通过开放倒逼改革，取得改革红利。但对外开放过程实际上是国家适应国际贸易投资新规则的国家治理制度、国家治理能力和国家治理技术的转变过程，这不仅需要时间逐步调整，更需要国家实力提升过程和改革的利益调整过程，这种过程会碰到许多不确定，需要通过自由贸易试验区的方式降低风险。

- 以自贸试验区为平台，成为新一轮对外开放中提升中国在全球价值链位置中的增长点。自贸试验区应该成为全国经济转型的领头羊，在现有优质企业资源不足以推动经济转型的条件下，通过自贸试验区吸收优质企业资源，服务全国的制造业，支撑实体经济的转型，这应该是自贸试验区的首要任务。

经过新中国60多年特别是改革开放30多年的发展，我国已经成为世界第二大经济体和第一大货物贸易国。然而，我国人均GDP仍然处于全球中等收入国家水平，且离世界贸易强国的地位还有相当大的距离，我国在国际分工中仍然处于价值链的低端，所获国际分工利益微薄。如何跳出“中等收入陷阱”，建立与经济发展阶段相匹配的贸易制度和贸易政策，成为经济强国，是当前我国经济发展的首要任务。

1 中国经济升级版需要的贸易投资制度安排

中国社会主义建设经历了从封闭经济到开放经济的制度转轨过程，但市场在资源配置中起决定性作用的贸易投资制度安排尚未形成。

(1) 中国经济经历的三个阶段和制度特征

1952 年至今，中国经济经历了三个发展阶段，这三个发展阶段都与经济体制的变革有关。

第一个阶段是 1952 年到 1978 年封闭经济下重化工业推进的计划经济阶段。

在新中国一穷二白特别是以美国为代表的西方国家对中国实行政治上孤立、经济上封锁政策的情况下，从当时的发展阶段和知识水平看，实现国家的工业化，几乎是发展经济、摆脱贫困和落后的同义词，在行动上，中央政府必然采取优先发展重工业的政策，实现赶超战略。 1952 年至 1978 年，中国的霍夫曼比例值[①]从 1952 年的 1.81 下降到 1978 年的 0.76，而重化工业

① 霍夫曼比例值是指消费资料工业净产值/资本资料工业净产值。

的主要推动者就是国有企业，国有企业基本控制了中国经济。

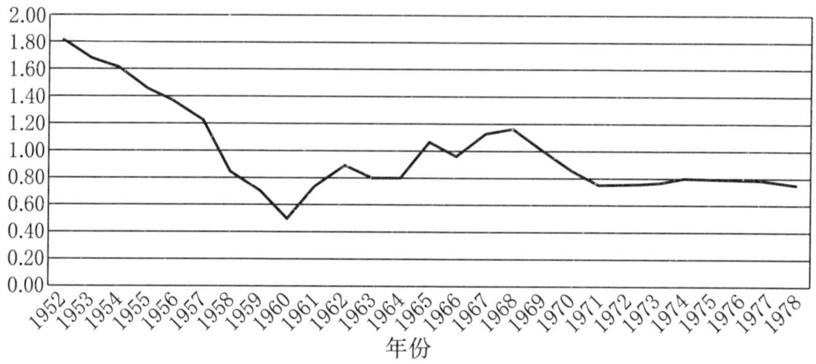

图 1-1 1952—1978 年中国霍夫曼比例值

资料来源：《中国统计年鉴》1985 年。

按照市场经济的发展轨迹，在人均收入很低的情况下，应该是先发展以居民需求导向的轻纺工业品，以消费工业品为需求导向，带动生产消费工业品的生产资料的发展，但当时情况下，国家的战略重点是国家安全导向，同时理论上将社会主义和市场经济对立起来，这样国家建立了高度集权的计划经济体制。同时通过“低利率政策、低汇率政策、低工资和低能源、原材料价格政策”等宏观经济政策来支撑优先发展重化工业，这种制度安排的必然结果是形成了自我循环的重化工业体系，脱离和压制居民消费需求，因而这个阶段的经济增长被称为是“贫困的增长”。[①]

① 林毅夫、蔡昉、李周：《中国的奇迹：发展战略与经济改革》，上海三联书店、上海人民出版社 1994 年版，第 27—41 页。

第二阶段是1979—2000年中国开放条件下的有计划市场经济阶段。

我国的经济转轨从农村改革起步，到1984年全面开始城市经济体制改革，主要内容是制造业领域的开放，在当时国内大量非熟练劳动力和亚洲“四小龙”产业转移的背景下，国家通过国际加工贸易制度创新以及外资制造业优惠政策（税收优惠政策）、出口退税政策以及地方政府为追求GDP采取扭曲土地价格的政策，迅速使中国原本与世界隔离的工业化体系逐步融入全球制造业分工体系。这一阶段的开放和改革不受国际贸易规则的约束，是主动的开放，结果是民营企业和外资企业逐步成为中国经济的主要推动力量之一，在整个国民经济活动中起到重要的作用。

第三阶段是2001年中国加入世界贸易组织以后对外全面开放的市场经济阶段。

中国加入世界贸易组织产生了两个方面的效果。一是贸易自由化效果。根据中国入世承诺，中国不仅在货物贸易领域更加自由化，而且开始全面开放服务业；二是规则约束，国际贸易规则受到世界贸易组织一般规则和中国加入世界贸易组织承诺的约束，这个阶段外资加快进入，并成为经济增长、国际贸易的主要组成部分。

这三个阶段既有独立性，同时也存在着互相关联，不能一概而论。从发展的独立性看，市场在资源配置中的作用是不同的，1952 年到 1978 年封闭经济下重化工业推进的计划经济阶段完全否定了市场在资源配置中的作用，完全是政府控制资源并配置资源。1979 年至 2000 年中国开放条件下的有计划市场经济阶段是市场在局部领域起到资源配置作用，主要是在制造业领域，但这种对内外资的开放是主动的开放，没有受到多边贸易体制的约束。2001 年中国加入世界贸易组织以后对外全面开放的市场经济阶段是市场在资源配置中从制造业到服务业的开放，市场在产业资源配置中起到了主导作用。由于市场在资源配置中的作用不同，因而政府对资源的控制程度也不同。但这三个阶段存在着互相关联，第二阶段的发展与第一阶段的重化工业建设密切有关，如果没有第一阶段的工业基础设施和人力资本储备，就不可能有第二阶段内外资开放所需要的基本要素。也正是由于第二阶段的改革和开放，使货物贸易关税大幅度下降，为加入世界贸易组织的进一步开放提供了贸易自由化制度基础和产业发展基础。

正是三个阶段之间的关系以及 1979 年以后的改革开放，中国在世界贸易史上出现了三大世界“奇迹”，一是从国际贸易总量上看，中国作为中等收入国家，用历史上最短的时间取得了世界第一大货物贸易大国的地位，2013 年我国货物进出口总额达到 4.16 万亿美元。二是从货物贸易结构上看，产品出口复杂度大大超过同等收入水平的国家，接近发达国家水平。三是部分自主产权的中高技术产品领域赶超发达国家跨国公司，例如通讯设备、工程机械、信息服务业等，表 1-1 是中国 1985 年以来经济总量等方面的变化，到 2013 年，我国国内生产总值已经在世界上排名第二，人均 GDP 也从 1985 年的 123 位上升到 86 位。国际贸易中货物贸易已经成为世界最大的进出口国，服务贸易成为世界第三贸易大国；国际直接投资从原来的吸收外资大国转变为吸收外资和对外投资并存的国家；国际专利申请方面已经达到 21 516 件，成为世界第三的专利大国。

前 30 多年的改革开放，对于中国未来的发展具有重要战略意义。第一，中国已经融入全球国际分工体系，这种融入不仅通过国际贸易方式，还通过国际投资方式，30 多年的努力使中国经济规模进入世界前三理所当然在参与全球、区域、诸边和双边谈判中起到举足轻重的作用。第二，经过 30 多年的努力，中国形成了一批具有国际竞争力的制造性企业和服务性企业，作为国家，需要反映这些企业在国际贸易和国际投资领域的规则需求，因而我们已经不是被动接受国际贸易和投资规则，而是在参与国际规则的基础上提出我们现在这个发展阶段的国家贸易和投资规则的需求。第三，从总体上看，发达国家跨国公司继续控制着世界的贸易、投资和专利，并通过全球产品同步制造和销售的方式控制全球市场，中国已经成为全球第五大市场，同时成为跨国公司全球产品同步制造基地，跨国公司在中国利益的存在必然与母国的贸易投资政策之间并不完全一致，这对反映我们需求的国际贸易投资规则是有益的。

但同时我们要看到，这种“奇迹”主要是经济全球化以后跨国公司产品内分工的结果，大量跨国公司把一些简单的产品生产，或易拆分的加工装配等工序转移到中国来，之后进行产品再出口，使得中国的进出口贸易额在数量上呈现惊人的增长，因而总体上我们还处于全球价值链的低端。贸易进出口数量和种类的变化会带来出口商品结构的变化，针对我国产品出口复杂度异常高的情况，国内外学者从不同角度进行了研究。Amiti和Freund(2008)[①]认为加工贸易是造成我国出口产品复杂度高的原因，在剔除了加工贸易出口产品之后，我国出口产品的技术含量并没有明显的变化。Jarreau和Poncet(2009)[②]认为用Hausman方法计算出的中国的出口产品复杂度并没有考虑地区差异性的问题。中国各省份间的收入水平和出口结构存在着较大差异，部分省份由于资源、政策等原因，

① Amiti, Freund, An Anatomy of China's Export Growth, *China's Growing Role in World Trade*, The University of Chicago Press, 208.

② Jarreau, J., and Poncet, S., 2009, “Sophistication of China's Exports and Foreign Spillovers”, CEPII Working Paper 0917.

出口产品的复杂度异常高，导致国家整体出口复杂度的升高。许斌(2010)[①]同样考虑到这一点，并对人均GDP的算法作了修正，用加权了省份出口份额的人均GDP计算出口复杂度，同时在Schott(2006)[②]的研究基础上，将产品质量纳入出口复杂度计算中，修正后的指标大大削弱了中国复杂度异常性的水平。另外一些学者从附加值的角度研究了中国“奇迹”。通过运用海关数据和投入产出表对中国的国内附加值进行测算(Dean, 2007[③]; Koopman, 2012[④]; Kee, 2013[⑤]等)，研究发现中国的国内附加值在2000年以前为50%左右，加入WTO之后略有上升，但基本维持在60%左右。

这表明中国虽然已经是一个贸易大国，但并未成为一个真正的贸易强国，出口产品中有将近一半的贸易利益被外国厂商攫取。加工贸易仍然是造成这一状况的重要因素，Koopman(2012)分不同贸易方式对国内附加值进行了测算，得到一般贸

① XuBin, (2010), “The Sophistication of Exports: Is China Special?” *China Economic Review*, 21, 482—493.

② Schott, Peter K., “The Relative Sophistication of Chinese Exports”, *Economic Policy*, 2008, 53: 5—49.

③ Judith M. Dean, K. C. Fung, and Zhi Wang, Measuring the Vertical Specialization in Chinese Trade, Office of Economics Working Paper No.2007-01-A, U.S. International Trade Commission, January 2007.

④ Robert Koopman, Zhi Wang, and Shang-Jin Wei(2012), “Estimating Domestic Content in Exports When Processing Trade Is Pervasive”, *Journal of Development Economics*, 99:1, p.17889.

⑤ Hiau Looi Kee, Heiwai Tang(2013), “Domestic Value Added in Chinese Exports: Firm-level Evidence”, *Forthcoming American Economic Review*.

表 1-1　1985 年以来中国主要年份的国内生产总值、国际贸易、国际投资和国际专利申请量

单位：亿美元

指标 年份	国内生产总值(GDP)		国际贸易		国际投资		国际专利申请量
	总　　值	人均(美元)	货物贸易	服务贸易	流入(吸收外国投资)	流出(对外直接投资)	PCT(件)
1985	3 066.68	290(123)	633	56	20	6	NA
1990	3 569.37(10)	341(124)	939	103	35	8	NA
1995	7 280.08(7)	601(121)	2 382	443	377	39	103
2000	12 000(6)	946(115)	4 638(7)	664(11)	421	142	784
2005	22 600(5)	1 726(112)	13 908(3)	1 584(7)	1 112(3)	208	2 452(10)
2010	59 300(2)	4 423(93)	29 086(2)	3 555(4)	2 730(2)	873(5)	12 337(4)
2013	92 400(2)	6 767(86)	40 781(1)	5 365(3)	3 478(2)	1 628(3)	21 516(3)

资料来源：IMF http://www.imf.org/external/index.htm；世界银行数据库 http://data.worldbank.org.cn/； WIPO http://www.wipo.int/pct/en/。

括号内的数据是我国在世界上的排名。 NA 表示数据缺乏。

易出口的国内附加值率为 89.2%，而加工贸易出口仅为 25.7%。Jarreau(2012)[①]同样表明，虽然加工贸易在很大程度上提升了我国产品出口复杂度，但对我国的经济增长并没有显著贡献，而一般贸易对经济增长有显著的促进作用。不仅如此，创造世界三大“奇迹”背后的代价是我国资源的约束和环境的不断恶化。

另一方面，我们还要看到，以知识为基础的服务在价值增值水平中的比重反而低于处于同一经济发展阶段，甚至低于我国经济发展阶段的印度等国家，只有 5%(见表 1-2)。

表 1-2　2010 年在不同的技术复杂度和价值增值水平上参与 GVC 的国家

单位：%

增值水平 / 国家	根据技术复杂度水平进行出口				
	以资源为基础	低技术含量的制造	中层技术含量的制造	复杂层次技术含量的制造	以知识为基础的服务
巴　西	60	5	15	5	10
中　国	10	25	20	30	5
哥斯达黎加	20	5	5	35	15
印　度	35	15	10	5	25
莱索托	30	60	0	5	0
马来西亚	30	10	15	30	5

① Joachim Jarreau, Sandra Poncet(2012), “Export Sophistication and Economic Growth: Evidence from China”, *Journal of Development Economics*, 97(2012) 281—C292.

（续表）

增值水平 / 国家	根据技术复杂度水平进行出口				
	以资源为基础	低技术含量的制造	中层技术含量的制造	复杂层次技术含量的制造	以知识为基础的服务
俄罗斯	75	5	10	0	5
新加坡	20	5	15	35	15
南　非	55	5	25	0	5

资料来源：联合国贸易与发展会议：《世界投资报告》2013 年，第 173 页。http://unctad.org/en/PublicationsLibrary/wir2013_en.pdf。

（2）中国经济升级版面临的国际贸易投资规则需求

以政府主导的资源配置机制不仅不可能维系长期经济增长以及国家转型升级，而且受到国际贸易投资新规则的约束。

不可否认，在改革开放初期，中国在缺少资金和缺少技术，特别是缺少本土企业家资源的情况下，政府通过直接资源配置（主要是政府投资）以维持经济增长方式具有一定的合理性，同时当时有大量的非熟练劳动力需要解决就业，土地资源又被政府控制，通过扭曲要素价格的方式吸引外资，并给予外资超国民待遇，同时在地方国内生产总值（GDP）竞赛的推动下，吸收外资成为地方政府获得 GDP 增长的主要要素。

但是中国发展到了中等收入发展阶段，同时作为发展中国家，在解决了双缺口问题和要素市场发生变化的情况下，要继续实现价值链的提升，需要高等要素[①]，靠政府行政审批制度不可能形成高等要素的集聚。

全球价值链的提升首先是科技创新，在经济全球化的条件下，产品内分工可以在全球范围配置，但是产品的概念开发是产品供应链的主导者和产品利益的控制者，在千千万万产品中，我国要根据本国市场和本国科技优势在全球产品开发中占有一席之地。其次是形成全球产品供应链整合能力，在全球产品供应链中，第一级模块商起到重要作用。最后是与形成全球价值链高端相匹配的基础设施，主要包括硬件设施和软件设施，在信息与通讯技术下，网络信息系统、个人数据和企业数据等以及由此产生的制度设施已经成为全球价值链提升的路径(见图 1-2)。

经过 30 多年的改革开放，我国要素资源发生了根本性的变化，不仅需要政府对国内的规则进行调整，而且国内企业加速了国际化进程，需要我国参与国际贸易投资新规则的制定。

第一，要素市场化改革，先锋企业对国内规则改革的呼声在不断增强，对参与国际贸易投资规则制定的需要在不断提高。

---

① 高级生产要素需要先在人力和资本上大量和持续地投资，而作为培养高级生产要素的研究所和教育计划，本身就需要高级的人才。高等级生产要素很难从外部获得，必须自己来投资创造。见迈克尔·波特:《国家竞争优势》，中信出版社 2012 年版，第 70 页。

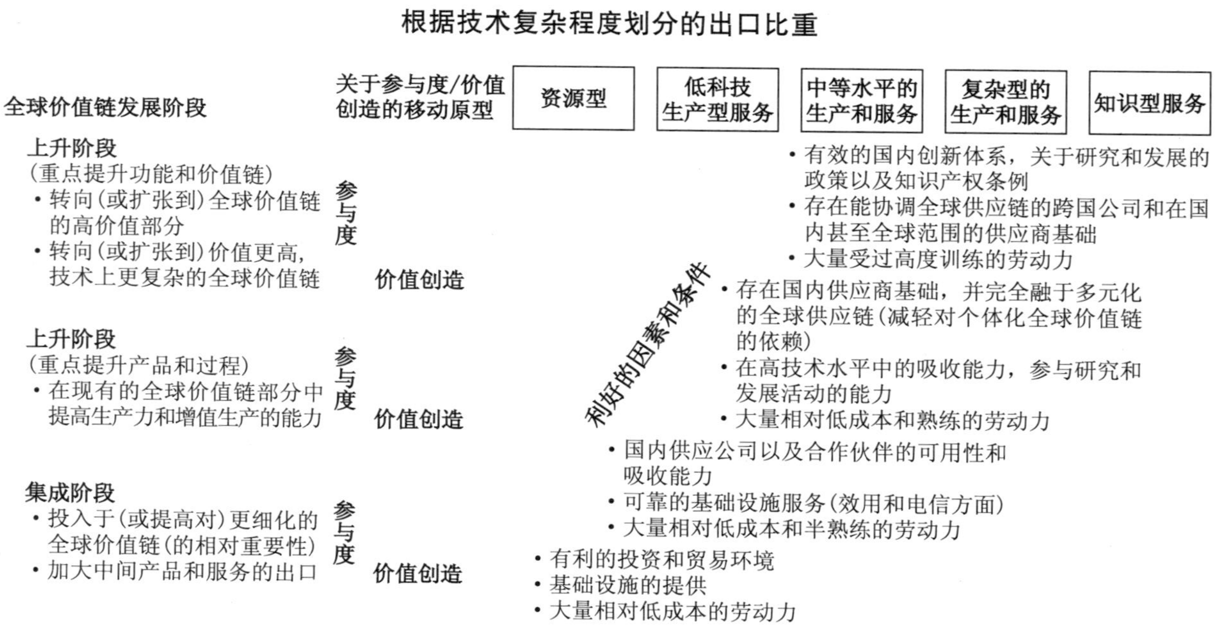

图 1-2　全球价值链的提升路径

经过30多年的改革开放，政府控制的要素资源在逐渐减少，要素扭曲逐步得到纠正，企业按照要素禀赋选择商业模式，在这种情况下，土地、劳动力和资本的市场化定价决定了企业投资的流量和流向，结果30多年的市场激烈竞争，国内企业不断被优胜劣汰，在制造业和服务业领域形成了在国际上具有竞争优势的企业，这不仅包括国有企业，还有民营企业和外资企业本身。

首先，民营企业无论在规模上，还是在竞争实力上已经大大提升。在制造业领域，除了低端制造业形成的优势外，在中高端制造业，先锋民营企业在全球市场竞争中崭露头角，例如在工程机械领域的三一重工股份有限公司，在通讯设备制造业的华为技术有限公司等，它们在核心技术领域实现了突破。在服务业中的信息服务业，2014年，中国有12家企业跻身全球上市互联网公司前30强，其中3家入围全球前10名。腾讯、阿里巴巴等公司以超常规的速度进入高端服务业，例如新金融服务业，在技术、商业模式等实现某些局部技术突破。这些先锋企业不仅要求改革国内规则，而且它们在快速进入国际市场以后要求反映这些先锋企业的规则需求。

其次，通过30多年的改革开放，外资企业已经全面进入中国制造业和服务业，成为中国经济增长不可或缺的组成部分。同时，在中国逐步融入经济全球化条件下，外资企业对中国在全球经济中的地位正依据要素价格的变动重新进行评估，根据中国不同地区的要素禀赋定位子公司，成为跨国公司内部生产在全球布局的重要组成部分。在中国一线城市，跨国公司将服务业甚至是中高端服务环节配置在北京、上海和深圳等特大城市。比如跨国公司研发总部。原来跨国公司将中国只是作为制造和销售基地，是成本和市场中心，研发只是为这些制造和销售服务，而最近几年随着中国人力资本的不断提高，形成了三个层级的跨国公司研发总部。第一个层次是全球产品第二总部，主要负责从概念开发到市场销售的环节，以中国市场为基础，并拓展到新兴工业化国家市场甚至是全球市场。第二个层次是跨国公司研发的区域总部，或者是亚太总部，或者是中国区总部，主要产品市场以亚太地区为主。第三个层次是跨国公司产品设计总部，主要针对中国市场，适合中国消费者。因此，外资企业越来越多的高端服务工序配置在上海等特大型城市，它们已经成为中国建设创新型国家，提升中国在全球价值链位置中的重要组成部分。在跨国公司对中国在全球价值链位置重新定位的条件下，它们当然提出要对服务业特别是高端服务业的开放，同时要求调整中国国内规则，形成公平竞争。

最后，国有企业目前是将来也是担当着中国经济的重任，经过 30 多年的发展，中国国有企业中金融、电信等核心服务业发展迅速，不仅保证了国家安全，而且在国际市场成为有力竞争者，它们成为中国对外投资的主体，2013 年，中国对外直接投资达到 1 078.4 亿美元，累计净额为 6 604.8 亿美元，全球排名第 11 位，其中国有企业占 55.2%。中国对外直接投资的产业主要集中在租赁和商务服务业、金融业、采矿业、批发与零售业和制造业等。由于国有企业的特殊性质，使这些企业在进行对外投资时经常会碰到许多问题，因而迫切需要我国与这些国家签署双边、区域和诸边投资协议，以保护国有企业在海外的权益。

因此，总体上看，经过 30 多年的发展，无论是外资企业，还是国有企业和民营企业，都迫切需要调整国内规则，同时需要参与国际贸易投资新规则的制定，在这方面，不管是内资企业，还是外资企业，调整规则的要求是一致的，但是如何进行国内规则的调整？不同类型企业之间存在着利益冲突，这需要政府从国家战略的高度调整规则，为中国在全球价值链中的位置提升提供制度基础。

第二，经济全球化进一步加快国际贸易投资新规则的形成，中国要提升全球价值链的位置，必须进入国际贸易投资新规则的参与制定之中。

进入 21 世纪以来，信息与通讯技术在商业中得到广泛运用，在服务业和服务贸易领域，原来许多手工操作的服务工序，通过信息与通讯技术不仅可以规模化生产并存储，而且工序之间可以分拆和离岸，企业根据要素禀赋对服务工序在组织上进行自制和外包的选择，在空间上进行在岸和离岸的选择。这样，服务型跨国公司无论是公司内部从事的服务类型，还是各种服务在空间上的配置方式以及服务贸易的壁垒，都发生了革命性的变化。一是即使一个小型服务企业，在信息与通讯技术的平台上，也可以完成多个服务业务，网络平台（无论是固定的还是移动的）都成为服务性企业为客户提供的服务平台，而不需要设立砖瓦式的商业网络，因此微型跨国公司在最近几年里迅速增长。二是由于服务工序可离岸，因而服务性企业克服了在一个经济体配置服务工序因而造成服务制作成本上升的问题。在印度，大量服务外包企业甚至已经承担跨国公司的某些核心业务，进入了第三代服务外包，使服务业的鲍莫尔病得以改善。三是服务的销售模式进入在线提供方式，商业模式已经发生革命性变化。这种变化要求对服务贸易的谈判方式进行变革，原来的服务贸易四种模式无论谈判方式，还是谈判范围，都难以适应服务性跨国公司对服务开放的需求。在谈判方式方面，以国民待遇和市场准入为主的四种模式谈判方式显然繁杂，而且服务贸易部门的核心部门，比如金融、电信和专业服务，一般都列入有限开放范围。在谈判内容方面，服务工序可离岸性增强说明服务性企业的对外投资约束减少，服务业成为跨国公司国际投资的重要内容。

表 1-3　数字密集型产业以及涵盖部门

产　业	涵盖部门
内容产业	出版业，包括报纸、期刊、书籍、姓名地址录、邮件列表以及其他出版商；电影和录音，包括视频和音乐的制作以及分销；除互联网之外的广播（请参见下面的“数字通信”）；新闻集团
数字通信	软件出版；数据处理、托管以及相关服务；互联网出版和广播以及网络搜索门户
金融和保险（新金融）	主要从事和/或促进金融或保险事务的机构
制造业	化工产品、印刷品、工业机械、金属加工机械、引擎、计算机和电子产品、动力、分销、特种变压器、继电器和工业控制、运输设备和医药设备及用具
零售业	汽车和零部件零售、家具、电子产品和家用电器、无店铺的服装零售
经筛选的其他服务（其他服务）	会计、建筑设计服务、工程服务、平面造型设计、计算机编程、计算机系统设计、市场咨询服务、媒体购买机构、旅行安排和预订服务、快递服务
批发贸易	汽车和零部件分销、计算机、电气设备、通过 b2b 电子市场进行的服装销售

资料来源：UNITC：Digital Trade in the U.S. and Global Economies，Part 2，p.19，　http：//www.usitc.gov/publications/332/pub4485.pdf。

在制造业和货物贸易领域，大量中间产品的出现以及在全球形成的产品供应链必然带动研发、采购、供应链管理、在线销售等服务工序的出现，这些服务工序中，许多需要通过离岸提供服务。另一方面，跨境电子商务已经成为国际货物贸易的一种重要形式，这些都要求在双边、区域、诸边和多边贸易规则中体现。

表 1-4　数字经济的经济系统效应：提高生产率和降低交易成本的综合效应

经济产出	估计影响[1]	
	固定劳动力（列 A）	可变劳动力（列 B）
美国实际 GDP 的增加[2]	5 171 亿美元	7 107 亿美元
	3.4%	4.8%
美国实际工资的增加	5.0%	4.5%
美国就业总量的增加[2]	无变化[3]	240 万全职等效人数[4]
	0.0%	1.8%

注：(1)列 A(固定劳动力)假设无论实际工资如何变动，总劳动力固定不变；也就是总劳动力供给弹性等于零。列 B(可变劳动力)假设总劳动力随着实际工资的变化而变化，总劳动力供给弹性等于 0.4。这个弹性值是从一份 2012 年国会预算局报告中得出的。(2)GDP 和就业水平是基于模型中基年(2011 年)的水平，见 White House，*Economic Report of the President*，March 2014。(3)总劳动力是固定的这个假设意味着即使劳动力可能从承包部门转移到推广部门，净总就业是不变的。总劳动力是可变的这个假设意味着因为生产力的提高和推广部门交易费用的减少，净总就业会随着工资的增加而增加。Source UNITC：Digital Trade in the U.S. and Global Economies，Part 2，p.23，http：//www.usitc.gov/publications/332/pub4485.pdf.

正是在这样的背景下，在多边贸易谈判不断受阻的情况下，区域、双边和诸边发展迅速，并沿着 WTO+ 和

WTO-X 两条主线发展，WTO+是指原来 WTO 有涉及但是自由化程度加深的议题，WTO-X 是指原来 WTO 没有涉及的议题。

表 1-5　特惠贸易协定(PTAs)的 WTO+和 WTO-X 条款领域

WTO+领域	WTO-X 领域	
PTA 工业品	反腐败	健康
PTA 农产品	竞争政策	人权
海关管理	环境法	非法移民
出口关税	知识产权	非法药品
卫生与动植物检验检疫措施	投资措施	产业合作
国营贸易企业	劳动力市场监管	信息社会
技术贸易壁垒	资本流动	采矿
反补贴措施	消费者保护	洗钱
反倾销	数据保护	核安全
国家补贴	农业	政治对话
政府采购	立法趋同	公共行政
与贸易有关的投资措施	视听	区域合作
《服务贸易总协定》	公民保护	研究与技术
《与贸易有关的知识产权协议》	创新政策	中小企业
	文化合作	社会事务
	经济政策对话	统计
	教育与培训	税收
	能源	恐怖主义
	财政援助	签证和庇护

Horn, H., Mavroidis P.C. and A.Sapir(2010), "Beyond the WTO? An Anatomy of EU and US Preferential Trade Agreements" in The World Economy, Vol.33(11), pp.1565—1588.

第三，目前以行政审批制度为特征的投资制度限制了企业创新，难以推动中国在全球价值链提升。

中国改革开放30多年，但至今还延续着行政审批制度。首先，在企业开业方面，中国企业的开业都需要通过政府审批，而且在产品经营范围方面，国家工商行政管理局一直沿用国民经济产业分类目录，这个目录将企业的经营范围规定在十分狭小的范围内，一旦企业经营业务要变动，都需要进行变更审批。其次，对外资企业投资项目的审批制度，对内资中民营企业在金融、电信等服务性产业领域的开放更小，对外资投资项目管理，政府通过《外商投资企业指导目录》方式，分为鼓励类、允许类、限制类和禁止类，限制类的透明度很低，鼓励类和允许类也需要各级政府部门进行审批，审批时间冗长，审批内容繁杂，审批部门多头，而且部门之间信息不共享。对内资企业，同样也采用项目审批制度，对民营企业的项目审批更难。在企业收购兼并方面，也同样采用审批制度。最后，在对外直接投资和收购兼并方面，审批的复杂程度更高，即使是民营企业收购的谈判价格，也需要政府部门审批。

审批制度本身造成企业的寻租行为，由于审批制度的不透明以及需要繁杂的程序，以及是否得到批准，都存在着不确定因素。哪个企业先拿到审批权，就可以在市场上获得先发优势，因而许多企业将主要精力放在审批项目的寻租上，而政府忙于各种审批，事中事后监管流于形式。

总之，新中国成立后的60多年通过三个既有区别又有关联的经济发展阶段使中国成为世界第二大经济体和最大货物贸易国，特别是对外开放的30多年使中国经济融入全球价值链体系。但目前以行政审批制度为主要特征的国际投资制度与全球价值链深化、信息与通讯技术带来企业商业模式变化以及由此产生的国内先锋企业对国际贸易投资新规则需求之间存在着矛盾，因而国内规则改革是我国提升全球价值链位置的内在需要。

2 深水区经济体制改革面临的风险

作为一个大国，重大的制度改进面临着极大的风险，在经济全球化的今天，这种风险表现为经济开放所面临的国家安全和金融风险，制度变革过程需要国家治理结构调整带来的新旧体制摩擦的风险，以及经济改革过程中利益重新分配。

(1) 开放经济体面临的系统性风险

关于系统性风险，目前尚无普遍接受的统一定义。根据各自的关注，不同国际组织对系统性风险的含义作出了不尽相同的描述。例如，在《关于金融部门巩固的报告(2001)》[①]中，十国集团(G10)对系统性风险提出了一个至今依然重要的定义："系统性金融风险是这样的风险：一个事件将触发经济价值和对大部分金融系统信心的丧失，并伴随着金融系统不确定性的增加，这已严重到足以非常可能地对实体经济产生重大不利影响。"在《金融稳定评论(2009)》[②]中，欧洲央行(ECB)把系统性风险定义为："金融不稳定的风险变得如此广泛，以至于它损害金融系统的运行到达了经济增长和福利实质性受损的程度。"而根据国际货币基金组织(IMF)、国际清算银行(BIS)和金融稳定委员会(FSB)为20国集团的财政部长和央行行长会议所做的工作(《金融机构、市场和工具系统重要性评价指南(2009)》[③]，系统性风险被定义为："一种对金融服务破坏的风险。它由金融系统全部或部分的损害所引发，并具有对实体经济产生严重的消极后果的可能性。"国际货币基金组织《全球金融稳定报告(2014)》[④]则将系统性风险定义为："个别金融机构的破产将导致其他金融机构巨大的损失，从而威胁

---

① Report on Consolidation in the Financial Sector, January 2001 (http://www.bis.org/publ/gten05.pdf).

② European Central Bank Financial Stability Review, June 2009(http://www.ecb.europa.eu/pub/pdf/other/financialstabilityreview200906en.pdf?? a57d8a5471a9dcf458ebc2db64b1cff8).

③ Guidance to Assess the Systemic Importance of Financial Institutions, Markets and Instruments: Initialconsiderations, October 2009(http://www.bis.org/publ/othp07.pdf).

④ Global Financial Stability Report, April 2014 (http://www.imf.org/External/Pubs/FT/GFSR/2014/01/pdf/text.pdf).

金融系统稳定的风险。”然而，这些描述也只是大量存在的系统性风险的定义中的一小部分，许多专家或政策制定者［如Minsky(1995)；Hart & Zingales(2009)；美联储主席伯南克(2009)等］也对系统性风险作出了不同的定义。

尽管各种定义在字面上存在差异，但对系统性风险的定义大多基于三个方面的考虑：大的触发事件、在金融部门蔓延的机制和宏观经济联系。

第一，系统性风险描述为经历一个“强大的”系统触发事件(也就是一个同时并深远影响多数或所有国内经济的“大的”冲击)的风险。这些宏观冲击的风险可以发源于外生冲击(如摧毁支付系统的自然灾害或恐怖袭击)，也可以从金融系统(如大的金融机构破产)或经济内部(如中央银行突然紧缩流动性)内生出现。

第二，系统性风险可以被认为是蔓延(传播)的风险。即一个特殊问题影响一个机构，然后影响另一个机构的多米诺骨牌效应。从而，一家大的机构破产可能导致其他与之直接或间接关联的机构的危机。蔓延可能从两方面发生：一是通过连锁反应蔓延(直接把机构拴在一起的金融敞口)；二是通过传染蔓延(恐慌的蔓延)。连锁反应，即机构间直接的金融联系导致一家机构的破产对另一家关联机构产生不利影响。直接联系可以是通过银行(金融公司)同业拆放或者通过衍生金融工具合约。传染(contagion),指公司间并不存在直接的金融联系,但一家机构的破产(或者某种其他触发事件)可能引起大量其他金融机构资产负债表显著收紧,因为它们都持有与破产机构相似的投资组合(或者它们持有大量受到触发事件冲击的有价证券暴露头寸)。这可以被看作是对新信息的理性的反应。但当不知情的投资者跟随更知情的投资者时,或者事件的突发性导致受惊和不确定性时,对触发事件的反应会被放大。当然,传染和连锁反应并不是必然发生的,公共政策的变化可以改变它们的进程。

第三,系统性风险还强调金融系统与实体经济的宏观经济联系。即金融部门的混乱对实体经济造成不利影响。金融部门混乱通过货币供给、银行和非银行机构信贷供给、资产价格及利率的变化,与实体经济产生联系。金融部门混乱导致银行挤兑,进而造成银行准备金率的下降,急剧缩减了货币供给。银行信贷可得性的降低将使企业贷款变得更加困难,而那些不能通过内部筹措资金支撑对厂房和设备投资的企业处境将更加艰难。信贷供给缩减的国际环境还会阻碍进出口贸易。由于利率及资产价格数据比信贷数据更加容易取得,金融部门与实体经济之间的利率及资产价格的联系渠道作用在许多实证模型中已经得到比较成功的验证。

(2) 系统性风险的度量

英格兰银行(2009年)提出了系统性风险的两个来源：时间维度和空间维度。时间维度，即总体风险或者称为顺周期效应，它与总体风险的不断积累有关，是随着时间不断积累的失衡引发的风险，是金融体系内部及金融体系与实体经济之间相互作用，从而使系统性风险不断放大的过程。空间维度，即跨行业维度，指机构之间的相互关联(敞口)和共同行为所引发的风险，关注风险在任一给定的时点是如何在金融系统内分布和相互作用的。这两种维度的系统性风险相互关联，并相互作用。当风险累积到足够大的时候，便会引发金融危机，甚至经济危机。识别系统性风险的分析框架可以从时间和空间两个维度进行。

A. 系统性风险的度量方法

目前，用于度量系统性风险的方法比较多。但由于学术界对系统性风险影响因素的评价仍存在争议，以及数据可得性和数据有效性的问题，造成对系统性风险衡量还没有一个统一的标准。大体上可以将系统性风险的度量方法分为二大类：金融系统的整体风险度量和单个金融机构对系统性风险贡献度的度量。表1-6和表1-7中分别简要介绍了其中一些比较重要的系统性风险度量方法。

表 1-6　度量单个金融机构对系统性风险贡献度的方法

方　法	文　　献	主　要　内　容
边际期望损失	Acharya，Pedersen & Philippon(2010)	提出了两个预测金融机构系统性期望损失的先行指标:边际期望损失和杠杆率，来度量系统性金融风险。
DCC-GARCH计量模型	Brownlees & Engle(2011)	提出了用以衡量机构系统重要性程度的系统性风险(SRISK)测量指标，发展了用来估计动态边际期望损失的 DCC-GARCH(动态条件相关广义自回归模型)计量方法，可以对危机期间金融机构的系统性风险进行排名。
条件在险价值	Adrian & Brunnermeier (2011)	将条件在险价值(COVAR)定义为一家机构处于危机状态下系统的在险价值与该机构处于平常状态下系统的在险价值的差额。用条件在险价值来衡量一家机构对系统性风险的贡献度。
多维GARCH模型	Girardi & Ergün(2011)	进一步推广了条件在险价值 COVAR 的定义，并使用多维 GARCH 模型来估计金融机构的条件在险价值。
Shapley 值	Tarashev 等(2010)	利用 Shapley 值方法，基于每个机构的资源对总产出的平均边际价值，将整个系统所产生的风险分配给各机构，通过测度各参与机构分摊的系统性风险来确定其系统重要性。

资料来源：作者根据相关文献整理。

表 1-7　度量金融系统整体风险的方法

方　法	文　　献	内　　　　容
金融压力指数	Illing & Liu(2003)	以金融压力指数为衡量系统性金融风险程度的因变量，以其他金融风险先导指标为解释变量，建立起系统性金融风险预警指标体系。
违约相关系数	Rampini(1999) De Nicolo & Kwast(2002)	违约相关系数越高，发生损失的频率越小，而损失程度则更大。 可以通过金融体系中机构的违约相关系数衡量系统性风险，违约相关系数越高，系统性风险越大。
网络模型	Chan-Lau & Gravelle(2005) Avesani，Pascual & Li(2006) Canedo & Jaramillo(2009)	将违约相关性、信用资产组合和银行资产风险头寸的网络结构结合起来，考察系统性风险。 违约概率、相关损失和传染倾向指标越高，金融体系中的系统性风险就越大。
传染指数	Cont，Moussa & Bastos(2012)	考虑对资产组合的共同冲击以及交易对手风险敞口的传染，考察金融机构相互的风险敞口和资本水平、资产负债规模和网络结构对系统性风险的影响。
保险溢价	Huang Zhou & Zhu(2009)	保险价格建立在对违约概率和对资产收益相关系数评估预测的基础上，与违约概率和相关系数正相关。 用银行发行的投资组合在未来 12 周内不受财务困境影响的保险费理论值，衡量银行系统的系统性风险。

资料来源：作者根据相关文献整理。

B. 测度中国系统性金融风险的文献综述

国内对系统性金融风险指标的研究起步相对较晚，早期的研究主要集中于货币危机预警方面。目前对我国系统性金融风险的实证研究，多采用一个综合性的动态指标来刻度系统性金融风险的动态变化过程。

唐旭(2002年)综合了预警方法、指标、模型、制度安排与管理信息系统等多个方面的研究，提出建立中国金融危机预警系统的构架。冯芸、吴冲锋(2002年)则引入多时标和扩充观测指标集的方法，以提高系统洞察市场变化的能力提出了基于综合指标的多时标预警流程。沈悦(2008年)以GDP增长率、通货膨胀率、股票市盈率、固定资产投资增长率、不良贷款率、存款准备金率等指标构建了银行系统性风险预警指标体系。吴成颂(2011年)以GDP增长率、M2增长率、通货膨胀率、股价指数波动率、短期外债/外汇储备等指标构建了我国金融风险预警指标体系。刘霞、陈小昆(2013年)从宏观经济总体运行、银行体系、经济泡沫、国内外债务和外部冲击影响五个维度，使用19个量化指标来构建了我国系统性金融风险预警指标体系。

万晓莉(2008年)通过动态因子分析来构建了季度金融脆弱性指数，测度了我国1987年至2006年间的金融体系脆弱性，并分析了金融风险的主要来源和演进过程。吕江林、赖娟(2011年)则在Illing & Liu(2003年)的研究基础上，结合中国实际情况，用金融系统性风险同步指标来构建金融压力指数，并将其作为金融系统性风险的测度指标。同时，他们将金融压力指数作为被解释变量，并将压力指数自身的滞后项及其他一些先导性经济金融指标作为解释变量，来构建我国金融压力指数预测模型。陈守东、王妍(2011 年)构建了中国金融压力指数，并通过中国金融压力指数与工业一致合成指数进行动态关联分析，对 2011 年金融压力趋势进行了预测。张瑾(2012 年)从区域系统性的成因出发，从宏观经济、金融机构、金融市场和金融制度环境等四个方面，选取 12 项指标，来构建衡量系统性金融风险的季度金融压力指数，并对上海市系统性金融风险进行了测度，还用自回归方法对系统性金融风险进行了预测。

(3) 深水区改革的系统性风险

后危机时代，世界经济进入低速增长通道，许多国家(包括新兴经济体)经济增长速度明显放缓，全球经济形势不确定因素增加，导致了系统性风险的累积和触发事件发生可能性的提高。而各国间新的双边与多边贸易投资协定不断签订，全球经济联系不断加深，为系统性风险的国际传播提供了便利。金融市场与金融衍生工具的发展，也使虚拟经济与实体经济更加紧密联系，使得金融风险对实体经济更具冲击性。

各国系统性风险的产生与爆发，既有从风险累积、触发事件发生、传播蔓延到冲击实体经济的共性特征，也与各国国内金融发展状况紧密联系，是各国金融市场化、金融全球化与金融创新发展的结果。目前，我国经济体制改革已进入深水区，金融体制改革速度明显加快。根据国际经验，金融系统性风险爆发的可能性也会随金融改革的加快而大幅度增加。在我国改革深水区中，金融系统性风险可能产生于金融市场化、金融开放和新金融发展等方面。

第一，金融市场化改革中，难免出现金融市场化与金融管制的两难困局。在政府主导型的金融市场中，对金融的长期行政垄断导致中国金融市场效率低下。金融市场化改革的过程，同样也是对金融行政管制不断降低的过程。在此过程中，会产生银行信贷过度扩张、资本市场投机和人民币利率大幅波动等诱发金融系统性风险的因素。

一是金融垄断程度的降低以及对银行业管制的放松，会引发银行业竞争的加剧和信贷过度扩张，从而为金融不稳定埋下隐患。一方面，随着市场壁垒的打破和市场格局的变化，原有商业银行的垄断利润随其垄断地位下降而下降，可能引发存款利率恶性竞争、放宽贷款审批条件、为高风险项目融资等过度市场竞争行为；另一方面，信贷控制的放松释放了大量的贷款需求，金融市场化则为金融机构贷款所需的资金供给开拓了更多渠道。资本供求两方面的快速增长，可能导致银行部门信贷活动的过度扩张。

二是我国改革进入深水区，在资产价格体系将有较大突破，利率市场化可能对我国经济稳定带来较大冲击。在利率市场化改革后，存贷款利差的缩小及银行市场份额的降低，将导致银行来自存贷利差的传统经营收益下降，银行信贷资金大量地涌入房地产市场、股票市场等高风险领域，并与实体经济脱节。这将导致资产价格的快速上升和经济泡沫的膨胀，最终可能引发经济危机的发生。若金融机构为了吸纳存款过度竞争而竞相提高存款利率，还将导致市场利率水平上涨，从而压缩金融机构利润，造成不良资产增加，破坏金融系统的稳定。利率自由化后名义利率的频繁波动，还会引起存贷款期限的不相匹配，并导致流动性危机的发生。

三是伴随金融市场化改革进程，越来越多的市场主体会从事金融业务，影子银行系统将进一步发展，并导致对金融机构风险控制整体水平的下降。2008 年全球金融危机以来，我国影子银行业务呈井喷状态。根据中国社会科学院统计数据显示，2012 年底，我国影子银行规模或达 20.5 万亿元。而《中国金融监管报告(2014)》①则指出，2013 年我国广义影子银行体系规模已增至约 33 万亿元，其中涉及的非传统信贷融资规模约为 27 万亿元。与四大国有商业银行等传统商业银行相

① 胡滨、尹振涛、郑联盛:《中国金融监管报告(2014)》,社会科学文献出版社 2014 年版。

比，多数影子银行在资金实力及政府对其的控制力方面还存在较大的差距。影子银行的活动具有高杠杆率、高传染性、严重错配的特征，影子银行的过度发展将扰乱政府宏观调控效果，并对金融体系和实体经济产生不利影响。而且由于直接或间接的金融联系，影子银行与传统银行之间存在着交叉感染的风险。来自影子银行的触发事件也可能导致整个金融体系的混乱。在资产管理业务方面，截至2014年6月末，我国银行理财等六类金融机构资产管理业务总规模已接近50万亿元。资产管理机构多元化格局基本形成，商业银行、信托公司、保险公司、证券公司、基金公司及其他私募基金管理机构等各类金融机构之间的业务合作不断加深扩大。①目前资产管理行业存在监管职能分割问题，没有实施功能监管，同类业务的监管职责分散在不同监管机构。监管职能的分割，既会导致监管资源分散，从而降低监管效率和效能；又会导致监管标准不统一，诱发监管套利，并形成监管盲区。②机构间资产管理业务合作关系的加深，在有利于金融风险在机构间分担的同时，也为系统性金融风险的爆发提供了条件。

第二，金融开放不仅会提高金融风险对我国的传播效应，还会加速国内金融风险的累积。金融开放加强了中国市场与

---

① http://news.xinhuanet.com/fortune/2014-09/18/c_1112538187.htm.

② 资产管理行业发展规划纲要(征求意见稿)，中国证券投资基金业协会年会(2014)，2014年6月16日。

世界的联系，降低了中国金融监管对国际金融动荡的隔离作用。同时，随着金融开放程度的加深，金融风险更易于在国内市场上累积。

一是在金融风险国际传播方面，国际上所发生的金融风险可以通过信贷渠道、资产负债渠道、流动性渠道、资产价格渠道等向中国市场传播。伴随金融开放进程，我国商业银行等金融机构与国外金融机构的经济联系将不断加强，共同的金融风险敞口的规模也将不断扩大。一旦国外相关金融机构发生危机，就很可能通过国内与之联系的金融机构将风险带至国内，进而引起国内金融市场的连锁反应。当一国发生经济危机或由于其他原因导致该国货币对外贬值时，其出口竞争力将会增强，进而导致我国对其贸易逆差，逆差严重时外汇储备会随之减少，从而削弱本国对金融风险的干预能力。

二是在金融风险国内累积方面，中国金融市场可能由于管制放松和套利机制等原因而累积金融风险。我国金融市场的开放，意味着很多现行的金融管制措施将会取消，资本的跨国流动将变得更加容易。由于2005年7月21日人民币汇率改革后的很长时间内，人民币汇率整体上始终处于升值通道(直至最近两年，人民币汇率双向波动区间才扩展至上下2%)。另外，我国境内利率水平较高，再加上全球经济环境不容乐观。在人民币对外升值阶段，金融开放必然会引起外国资本的大量涌入进行套利，从而进一步推高国内资产价格，造成资产价格泡沫膨胀。在缺少有效管制的情况下，一旦中国经济增速大幅放缓、人民币汇率反转，则可能会出现海外机构大规模“做空”中国，外资(特别是国际热钱)大规模外逃，从而造成我国的金融动荡。从目前形式来看，这一导致金融动荡的风险还是存在的。首先，今后很长时间我国经济工作的主要任务将是调整经济结构，经济增长速度必将有所放缓。因为过去30年的中国经济高增长很大程度上依赖于生产要素的累积投资，而非全要素生产率的提高。但这种投资拉动的经济增长是不可持续的。一方面，许多政府主导的投资经济效益低下，并造成了许多产业的产能过剩；另一方面，投资拉动的粗放型增长也使我国付出了巨大的环境代价。其次，伴随美联储宣布退出量化宽松政策，美元回流美国，美元对主要货币均表现出不同程度的升值，这也加大了中国资本流动的不确定性，可能引起金融市场波动。

第三，新金融[①]中互联网金融的快速发展，增加了金融监管难度，提高了金融风险累积速度。电子商务的迅猛发展，为电商企业积累了大量的客户资源，并形成了庞大的网络社区。同时，金融业务逐步渗透到电子商务的支付过程中，并使大量闲置资金沉淀于网络。电子信息技术、电子商务与银

---

① 在《欧盟—韩国自由贸易区协定》及《欧盟—哥伦比亚秘鲁自由贸易区协定》中，“新金融服务”均被定义为“具有金融性质的服务，包括与现有产品及新产品或产品的交付方式相关的服务”。

行业务相结合，产生了社交网络等各种形式的新金融业务。网络借贷和众筹融资是随着互联网和民间金融发展而出现的互联网金融新模式。由于多数小企业和个人客户都无法满足传统金融机构对融资客户和项目的资质要求，网络借贷和众筹融资便成为他们获取资金的新渠道。随着网络融资平台的不断涌现，网络借贷和众筹融资的交易规模呈快速增长态势。

新金融业务的蓬勃发展，在盘活存量资金、弥补传统金融服务不足的同时，也存在着监管制度相对滞后的问题。目前，对新金融业务的风险监管控制还处于探索阶段。由于监管的相对滞后，网络借贷、众筹融资以及虚拟货币等新金融业务的出现，将会对正常金融秩序造成扰动。新金融产品的不断涌现，在活跃市场的同时，也可能引发新的市场风险。在互联网金融模式下，由于新金融产品具有一定的复杂性，并涉及网络平台、电子商务、银行信贷等多个领域。互联网金融是电子信息技术与商务金融业务相结合的产物，在业务流程等方面与传统金融业务存在较大的区别。再加上互联网金融使银行、证券、保险的业务边界变得更加模糊，监管机构面临的监管问题也更加复杂，这进一步加大了监管的难度。

(4) 我国系统性金融风险的具体测度

我们主要采用金融压力指数法，来构建我国的系统性金融风险指数（*FRI*）。本部分计量主要采用主成分分析法，并使用STATA12软件进行数据处理。

在数据可得性方面，因商业机密等原因，商业银行对房地产等具体产业贷款余额规模等数据并未及时公布；央行对一些金融数据公布的时间比较晚，如2011年起公布社会融资规模，2005年起公布商业银行不良贷款比例季度数据等。金融风险大体可分为信用风险、流动性风险和市场风险等，我们选择相应的银行体系指标来构建金融风险综合指标。由于上述数据可得性问题，在构建1997年第一季度起的系统性金融风险指标时，我们最终选择了存款性公司货币和准货币负债同比增长率（一般而言，负债增长越快，信用风险越大）、金融机构各项贷款同比增长率（存款增速不变时，金融机构对外贷款增长越快，流动性风险越大）、存款性公司国外净资产同比增长率和外汇储备同比增长率（通常国外资产及外汇储备增长越快，国外金融风险对国内的传染性越高）等指标。本部分所使用数据来自中经网统计数据库及国泰安CSMAR系列研究数据库。对于月度数据，通过月末数据计算季度同比增长率。考虑到数据可得性，我们在时间跨度上选择从1997年第一季度到2014年第二季度，表1-8列出了所用四个指标的统计特征。

表 1-8　所选指标的描述性统计量

指　　标	样本数	均　值	标准差	最小值	最大值
存款性公司国外净资产同比增长率	70	0.235 411 1	0.142 222 3	0.008 237 9	0.610 858 1
存款性公司货币和准货币负债同比增长率	70	0.173 162 7	0.035 455 7	0.120 508 2	0.292 574 5
金融机构各项贷款同比增长率	70	0.160 003 4	0.057 774 8	0.027 894 7	0.318 822 3
外汇储备同比增长率	70	0.246 746	0.145 879 9	0.013 296 1	0.512 536 9

A. 系统性金融风险指数构建方法

为了构建一个总体性的系统性金融风险指数，我们借鉴万晓莉(2008 年)及刘仁伍等(2012 年)的金融脆弱性指数构建方法，通过对金融机构各项贷款同比增长率等四个指标进行主成分分析。首先，提取出四项指标的主成分，并得到各个主成分的得分；其次，按照特征值和累积贡献率标准选择用于构建金融风险指数的主成分；然后，根据所选主成分各自的贡献率占累积贡献率中的比重，赋予各主成分相应的权重；接下来，通过对所选主成分的得分进行加权平均，获得我国在考察期内各季度系统性金融风险指数；最后，我们还对金融风险指数进行了线性映射，使其值映射到区间 [0, 100] 上，以更符合研究习惯。

B. 系统性金融风险指数构建过程和结果

在主成分提取之前，我们先对所选指标是否适合主成分分析进行检验，表 1-9 显示变量间的多重相关程度。

表 1-9 变量间多重相关性指标(Smc)

变量	Smc 值
存款性公司国外净资产同比增长率	0.619 0
存款性公司货币和准货币负债同比增长率	0.782 4
金融机构各项贷款同比增长率	0.792 3
外汇储备同比增长率	0.631 2

可见，我们所选的四个变量的 Smc 值最低为 0.619 0，说明我们所选的指标变量适合做主成分分析。表 1-10 是我们使用 STATA 软件所给出的主成分分析结果。

表 1-10 STATA 主成分分析结果

主成分	特征值	变 异	贡献率	累积贡献率
Comp1	2.042 07	0.422 414	0.510 5	0.510 5
Comp2	1.619 65	1.388 81	0.404 9	0.915 4
Comp3	0.230 844	0.123 409	0.057 7	0.973 1
Comp4	0.107 435	—	0.026 9	1.000 0

从表 1-10 中可以看出，特征值大于 1 的主成分有两个(Comp1 和 Comp2)，它们对方差解释的贡献率分别为 0.510 5 和 0.404 9。可见，前两个主成分的累积贡献率达到 0.915 4，说明前两个主成分已经很好地蕴含了我们构建系统性金融风险指数所选数据指标的信息量。因而，我们选择这两个主成分

(Comp1 和 Comp2)，来构建系统性金融风险指数。我们根据每个主成分的方差贡献率在累积贡献率中的比重，确定两个主成分在金融风险综合得分计算中相应的权重。通过计算可得：主成分 Comp1 的权重赋值为 0.557 7，主成分 Comp1 的权重赋值为 0.442 3。从而，我们的金融风险综合得分可表示为：我们所得到的金融风险综合得分介于 −2 到 3 之间。根据指数的习惯性表达方式，我们将金融风险综合得分线性映射到区间 [0, 100] 上，将其作为我们的系统性金融风险指数 (*FRI*)。中国系统性金融风险指数如表 1-11 和图 1-3 所示。

表 1-11 中国系统性金融风险指数

季度	1997				1998				1999				2000	
	q1	q2	q3	q4	q1	q2	q3	q4	q1	q2	q3	q4	q1	q2
FRI	81.2	82.8	75.4	67.0	44.3	34.1	21.6	14.7	13.8	10.9	13.3	15.5	20.7	24.7
季度	2000		2001				2002				2003			
	q3	q4	q1	q2	q3	q4	q1	q2	q3	q4	q1	q2	q3	q4
FRI	19.1	16.2	23.6	31.6	37.0	46.4	40.9	40.8	42.1	44.7	54.7	59.6	63.9	51.7
季度	2004				2005				2006				2007	
	q1	q2	q3	q4	q1	q2	q3	q4	q1	q2	q3	q4	q1	q2
FRI	52.3	49.1	46.9	69.7	63.3	67.6	66.7	51.8	53.4	52.0	48.3	49.9	58.0	60.6
季度	2007		2008				2009				2010			
	q3	q4	q1	q2	q3	q4	q1	q2	q3	q4	q1	q2	q3	q4
FRI	66.3	61.0	58.0	55.9	49.9	46.4	43.3	44.2	44.1	45.2	38.4	27.3	29.7	33.0
季度	2011				2012				2013				2014	
	q1	q2	q3	q4	q1	q2	q3	q4	q1	q2	q3	q4	q1	q2
FRI	34.5	38.3	27.9	22.3	20.2	14.1	14.8	9.5	11.5	12.5	14.9	20.0	16.2	18.3

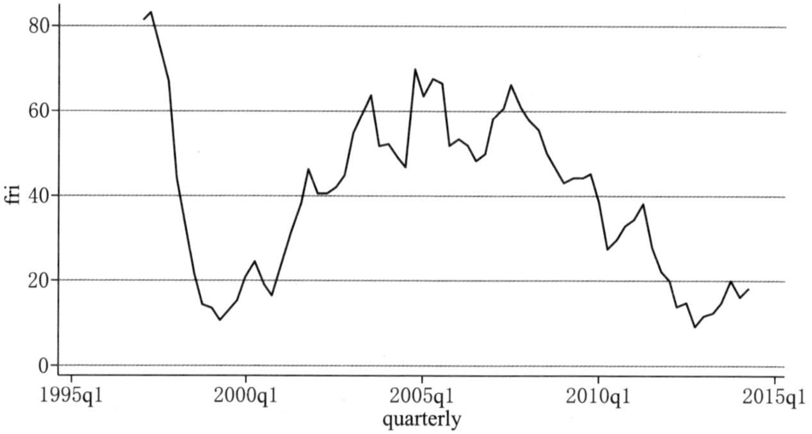

图 1-3　中国系统性金融风险指数(1997 年第一季度至 2014 年第二季度)

我们使用可得数据所构建的系统性金融风险指数，与我国金融实际情况基本一致。 在 1997 年东南亚金融危机及 2008 年美国次贷危机爆发后，我国政府在金融领域采取的一些相应的措施，在一定时期内降低了系统性金融风险。 2001 年中国入世后，金融业的逐步开放，则使我国系统性金融风险不断提高。 2013 年第三季度，中国(上海)自由贸易试验区成立，而金融业进一步开放是上海自贸区对外开放的重要领域。 随着我国金融业的进一步开放，中外金融联系进一步增强，这将通过金融市场渠道提高我国的系统性风险。

另外，当我们把将系统性金融风险指数构建的起始时间推迟到 2005 年第一季度时，我们可以用于指数构建的可得季度变量有所增加。 我们使用商业银行不良贷款率(季度数据始于2005年第一季度)、股市平均市盈率与上述四个指数构建变量，再次运用主成分分析，构建我国系统性金融风险指数时，我们获得的系统性金融风险指数走势如图1-4所示。

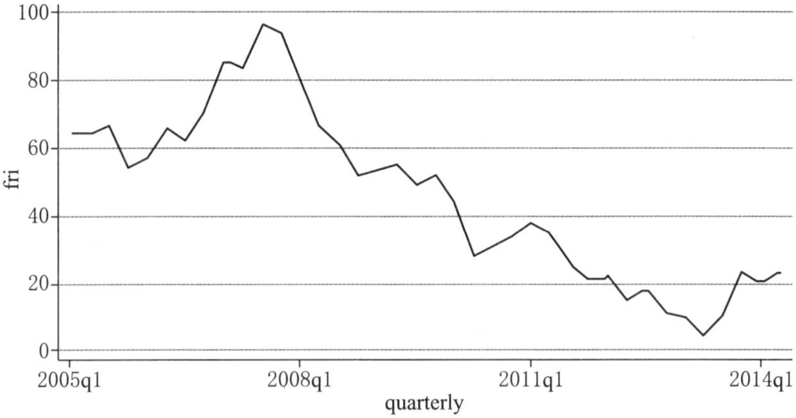

图1-4　中国系统性金融风险指数2(2005年第一季度至2014年第二季度)

从图1-3与图1-4的比较中可以看出，当我们选择不同的变量体系进行主成分分析，来构建我国系统性金融风险指数时，得到的结果会有所差异。但从总体上来看，2007年第三季度至2014年第二季度之间，所构建的两个指标的总体走势比较相似。其中，在2007年第三季度至2012年第四季度之间，我国系统性金融风险指数总体呈波动下跌；2013年第一季度至2014年第二季度，系统性金融风险指数总体呈波动上涨。

(5) 潜在因子对系统性金融风险的影响

系统性金融风险的变化受到多种因素的影响，为了考察潜在因子对系统性金融风险的影响，我们采用动态因子模型，先通过因子分析来从大量宏观数据中提取可能影响系统性金融风险的少量潜在因子；然后，通过向量自回归考察潜在因子对系统性金融风险的影响。

A. 动态因子模型

动态因子模型是传统因子模型在时间序列方向的扩展。很多研究发现，基于动态因子模型提取的少量因子，可以有效解释宏观经济的大部分波动。例如，Sargent & Sims(1977)通过提取两个动态因子，解释了美国重要宏观经济变量方差的相当大部分。在精确动态因子模型下，假定：令 X_{it} 为一个 $n \times 1$ 的平稳时间序列列向量 t 期观测值，并将 X_{it} 表示为少量不可观测的共同因子的分布滞后，加上一个自身可能序列相关的异质扰动：

$$X_{it} = \lambda_i(L) f_t + u_{it}, \quad i = 1, \cdots, n \tag{1}$$

$$u_{it} = \delta_i(L) u_{it-1} + \upsilon_{it} \tag{2}$$

其中，f_t 是一个 $q \times 1$ 的不可观测动态因子列向量；$\lambda_i(L)$ 是一个 $1\times q$ 的滞后多项式行向量，成为动态因子负荷；而 u_{it} 为我们根据自回归构造的异质扰动项。假定因子和异质扰动在所有期之间均不相关，即对所有的 i， t， s， $E(f_t u_{is}) = 0$ 成立。另外，假定不同异质项在所有期之间均互不相关，即：

对所有的 i， j， t， s， $E(u_{it}u_{js}) = 0$ (3)

通过方程(1)两边同时乘以 $1 - \delta_i(L)L$，从而产生：

$$X_{it} = \lambda_i(L)f_t + \delta_i(L)X_{it-1} + \upsilon_{it} \tag{4}$$

其中， $\lambda_i(L) = (1 - \delta_i(L)L)\lambda_i(L)$。

动力因子模型(DFM)由方程(4)和一个我们模型化为 VAR 的描述因子演化的方程式来构成。 相应地，动态因子模型成为：

$$X_t = \lambda(L)f_t + D(L)X_{t-1} + \upsilon_t \tag{5}$$

$$f_t = \Gamma(L)f_{t-1} + \eta_t \tag{6}$$

其中，

$$\lambda(L) = \begin{bmatrix} \lambda_1(L) \\ \mathrm{M} \\ \lambda_n(L) \end{bmatrix}, \quad D(L) = \begin{bmatrix} \delta_1(L) & \mathrm{L} & 0 \\ \mathrm{M} & \mathrm{O} & \mathrm{M} \\ 0 & \mathrm{L} & \delta_n(L) \end{bmatrix},$$

$$\upsilon_t = \begin{bmatrix} \upsilon_{1t} \\ \mathrm{M} \\ \upsilon_{nt} \end{bmatrix} \tag{7}$$

$\Gamma(L)$是滞后多项式矩阵， η_t 是一个 $q \times 1$ 的扰动向量。其中，对所有的 i， t， s，都有 $E\eta_t\upsilon_{is} = 0$。

B. 潜在因子对系统性金融风险影响的动态因子模型

在系统性金融风险计量分析上，我们主要参照 Gianni De Nicolò and Marcella Lucchetta(2010)[①]的动态因子模型方法进行。将系统性金融风险指标表示为 FRI_t，FRI_t 与潜在因子的动态关系通过下式来描述：

$$FRI_t = \lambda^F(L)f_t + \gamma(L)FRI_{t-1} + u_t \tag{8}$$

$$X_{it} = \lambda_i(L)f_t + \delta_i X_{it-1} + \upsilon_{it} \tag{9}$$

$$f_t = \Gamma(L)f_{t-1} + \eta_t \tag{10}$$

方程(8)描述了增广了因子结构的 FRI_t 的自回归。以 $i \in N$ 标识的序列因子 X_i 的向量的动态学表现为因子模型(9)，其中 f_t 是一组动态因子(参照 Stock & Watson，2006，我们不把系统性风险指数包含在因子向量 X_i 中)。方程(10)描述了这些潜在因子通过向量自回归的动态学。正如 Stock & Watson(2005)那样，我们假设因子和特值误差 u_t^1、u_t^2 和 υ_{it}在所有的提前和滞后上都是不相关的。假定有限的滞后到 p，并用 $F_t \equiv [f_t' \quad f_{t-1}' \quad \text{L} \quad f_{t-p+1}']'$ 来定义静态因子向量。可以获得动态因子模型的静态形式表示为：

$$FRI_t = \Lambda^{F'}(L)F_t + \gamma(L)FRI_{t-1} + u_t \tag{11}$$

① Gianni De Nicolò and Marcella Lucchetta, Systemic Risks and the Macroeconomy, IMF Working Paper.

$$X_{it} = \Lambda'_i F_t + \delta_i X_{it-1} + \upsilon_{it} \tag{12}$$

$$F_t = \Phi(L) F_{t-1} + G\eta_t \tag{13}$$

其中，$\Phi(L)$由$\Gamma(L)$的系数和零构成；G是一个$r \times q$的系数矩阵，而r是静态因子的数目，q是动态因子数。如果静态和动态因子数目相同，也就是$r = q$，则方程(9)中的$\lambda(L)$没有滞后项，因而$F_t = f_t$，$\Phi(L) = \Gamma(L)$，$G = I$，且静态形式方程(13)和动态形式方程(10)没有区别。

将方程(13)代入方程(11)，我们可以获得：

$$F_t = \Phi(L) F_{t-1} + G\eta_t \tag{14}$$

$$FRI_t = \Lambda^{F'} \Phi(L) F_{t-1} + \gamma(L) FRI_{t-1} + u_t \tag{15}$$

C. 潜在因子对系统性金融风险影响的实证分析

我们对潜在因子对系统性金融风险影响的实证分析大体上分为四步进行，具体步骤如下：

a. 平稳性数据变量构造

我们使用从1997年第一季度到2014年第二季度的中国季度宏观经济和金融时间序列数据，来进行模型的估计。方程(9)中的季度序列向量X_t包括39个序列(见附录2)。它们大致可被分为三大组：第一组为金融变量，包括与信贷条件相关的金融、货币和银行业务变量，如：不同期限的利率、货币政策利率、同业拆放利率、银行信贷以及货币总量等。第二组为实体经济变量，包括实体活动的价格和数量指标。这一组变量包括国内生产总值、工业产值、外贸、房地产、固定资产投资、消费者信心、消费者价格指数等。第三组为股权市场数据，包括沪市股票综合市场风险评价系数和上证指数。

由于我国的GDP增长具有明显的季节趋势(见图1-5)，直接用它作为估计变量不能满足平稳性要求。因而，我们首先对其进行数据修匀，然后对其取对数，形成变量*Lnmagdp*。我们用*Lnmagdp*作为反映我国GDP增长的代理变量，这一变量通过了我们的平稳性检验。

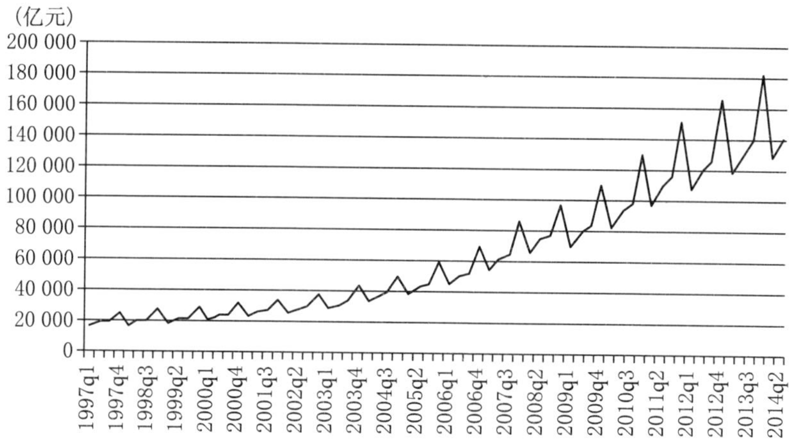

图1-5 中国季度GDP增长趋势

此外，我们还对其他用于提取动态因子的变量进行平稳性检验，在我们选择的时间序列数据所计算的90个变量中，共有包括*Lnmagdp*在内的39个变量通过了平稳性检验，被我们用来提取动态因子。

b. 动态因子提取

通过对 39 个变量提取动态因子，按照特征值排序前六位的因子信息如表 1-12 所示。

表 1-12　因子分析结果

因　子	特征值	变　异	贡献率	累积贡献率
Factor1	21.510 65	15.484 58	0.551 6	0.551 6
Factor2	6.026 07	1.482 48	0.154 5	0.706 1
Factor3	4.543 59	2.853 35	0.116 5	0.822 6
Factor4	1.690 24	0.400 92	0.043 3	0.865 9
Factor5	1.289 32	0.479 12	0.033 1	0.899 0
Factor6	0.810 19	0.185 23	0.020 8	0.919 7

根据特征值标准（因子特征值大于 1）和累积贡献率标准（累积贡献率不低于 0.8），我们最终选择保留了前五个因子。此时，方差解释累积贡献率为 0.899，大大超过了 0.8 的最低要求。这表明使用这五个因子可以很好地解释和替代我们所选的 39 个原始变量信息。为了更好地解释和替代原始变量，我们又进行了因子旋转，旋转后结果如表 1-13 所示。

另外，我们通过 KMO 值检验了因子分析的适用性问题，结果显示总体 KMO 值达到 0.844 9，说明我们所选的变量适合作因子分析。

表 1-13 旋转后的因子信息

因 子	特征值	变异	贡献率	累积贡献率
Factor1	20.427 64	14.466 32	0.523 8	0.523 8
Factor2	5.961 32	1.395 60	0.152 9	0.676 6
Factor3	4.565 72	2.169 49	0.117 1	0.793 7
Factor4	2.396 23	0.687 28	0.061 4	0.855 2
Factor5	1.708 94	—	0.043 8	0.899 0

根据因子载荷矩阵可知，因子 Factor1 主要反映 GDP、存款性公司资产(负债)、投资额、销售收入(利润)、同业拆放交易量等变量信息，我们把它称为增长因子；因子 Factor2 主要反映进(出)口商品价格(价值)指数、商品零售价格指数、消费价格指数、宏观经济景气指数、工业企业增加值增速等变量信息，我们把它称为通胀因子；因子 Factor3 主要反映金融机构一年期人民币存(贷)款基准利率、银行间同业拆借加权平均利率、房地产开发综合景气指数、沪市股票综合市场风险评价系数等变量信息，我们把它称为利率因子；因子 Factor4 主要反映上证最高 A 股综合指数、上证最低 A 股综合指数等变量信息，我们把它称为股价因子。另外，我们所选的 39 个变量在因子 Factor5 上的载荷均较小，我们把因子 Factor5 称为未知因子。

c. 自回归滞后阶数识别

在提取了五个因子后，我们采用向量自回归方法进行回归分析。在进行自回归之前，首先，我们对所提取因子进行了平稳性检验，检验发现5个因子的一阶差分都是平稳的；然后，我们又对自回归滞后阶数进行了识别，识别结果如表1-14所示。

表1-14 滞后阶数识别表

lag	LL	LR	df	p	FPE	AIC	HQIC	SBIC
0	−373.744				0.004 782	11.684 4	11.763 6	11.885 1
1	−262.242	223	36	0.000	0.000 471	9.361 28	9.915 64*	10.766 3*
2	−228.875	66.732	36	0.001	0.000 525	9.442 32	10.471 8	12.051 6
3	−171.273	115.21	36	0.000	0.000 29	8.777 63	10.282 3	12.591 2
4	−125.218	92.11*	36	0.000	0.000 246*	8.468 23*	10.448 1	13.486

d. 潜在因子对系统性金融风险影响的估计

为了考察潜在因子对系统性金融风险的影响，我们根据赤池信息量准则(AIC)，选择滞后四阶进行向量自回归分析。回归结果显示：系统性金融风险指数与其自身的一阶滞后项具有显著的正相关性，再次说明了系统性金融风险指数自相关性；与增长因子的二阶滞后项在10%的显著性水平上正相关，表明债务债权增速越快，滞后两季度后的金融风险指数越高；系统性金融风险指数与通胀因子的一阶滞后项在10%的显著性水平上正相关，表明通胀越快，滞后一季的金融风险指数越高。此外，系统性金融风险指数与未知因子Factor5的四阶滞后项在5%的显著性水平上正相关。

附录 1　用于构建系统性金融风险指数的金融数据

年份	季度	存款性公司资产——国外净资产月末数(亿元)	存款性公司负债——货币和准货币月末数(亿元)	金融机构各项贷款月末数(亿元)	外汇储备月末数(百万美元)
1997	1	10 683.5	79 581.3	65 965.27	112 055
	2	11 283.9	82 811.5	68 154.77	120 941
	3	12 775	85 892.4	70 564.45	134 070
	4	13 660.7	90 995.3	74 914.07	139 890
1998	1	14 055.1	92 037	75 928.91	140 617
	2	14 299.8	94 657.6	78 805.94	140 510
	3	14 842.3	99 794.5	82 644.94	141 107
	4	15 042	104 498.5	86 524.13	144 959
1999	1	14 734.2	108 438.2	87 825.58	146 625
	2	14 417.6	111 363.5	90 620.29	147 051
	3	15 662.7	115 079.3	93 390.41	151 511
	4	17 028.2	119 897.9	93 734.3	154 675
2000	1	17 963.4	122 606.8	95 776.55	156 820
	2	18 630.8	126 605.3	94 847.87	158 568
	3	19 543.5	130 473.8	95 995.51	160 092
	4	20 124.3	134 610.3	99 371.07	165 574
2001	1	21 976.6	138 744.5	102 470.64	175 847
	2	23 264.4	147 809.7	106 553.42	180 838
	3	24 308.4	151 642.7	108 973.24	195 764
	4	26 424.7	158 301.9	112 314.7	212 165

（续表）

年份	季度	存款性公司资产——国外净资产月末数(亿元)	存款性公司负债——货币和准货币月末数(亿元)	金融机构各项贷款月末数(亿元)	外汇储备月末数(百万美元)
2002	1	26 558.2	164 064.6	116 255	227 605
	2	27 793.8	169 601.2	121 137.64	242 760
	3	29 166.1	176 985.2	126 366.74	258 623
	4	31 746.3	185 007	131 293.93	286 407
2003	1	33 764.1	194 487.3	139 436.56	316 009
	2	35 014.3	204 907.4	149 156.56	346 476
	3	36 896.7	213 567.1	156 059.89	383 863
	4	37 732.9	221 222.8	158 996.23	403 251
2004	1	41 389	231 654.6	167 442.53	439 820
	2	44 919.4	238 427.5	169 905.22	470 639
	3	48 362.6	243 756.9	173 473.07	514 538
	4	55 348.9	254 107	177 363.49	609 932
2005	1	58 477.4	261 444.3	185 461.32	659 144
	2	65 421.2	272 522.6	186 178.7	710 973
	3	69 287	284 052.1	190 941.9	769 004
	4	75 722.5	295 507.6	194 690.39	818 872

（续表）

年份	季度	存款性公司资产——国外净资产月末数(亿元)	存款性公司负债——货币和准货币月末数(亿元)	金融机构各项贷款月末数(亿元)	外汇储备月末数(百万美元)
2006	1	80 107.7	310 490.7	206 394.59	875 070
	2	86 741.5	322 756.4	215 302.59	941 115
	3	91 982.7	331 865.4	221 035.86	987 928
	4	100 864.6	345 603.6	225 285.28	1 066 340
2007	1	110 209.5	364 093.7	239 585.58	1 202 030
	2	118 920.8	377 832.2	250 792.59	1 332 625
	3	128 770.9	393 098.9	258 970.33	1 433 610
	4	137 750.9	403 442.2	261 690.88	1 528 249
2008	1	150 967.5	423 054.5	275 000.2	1 682 177
	2	163 271.6	443 141	286 199.37	1 808 800
	3	171 633	452 898.7	296 477.09	1 905 585
	4	178 970.6	475 166.6	303 394.65	1 946 030
2009	1	182 053.9	530 626.7	349 554.82	1 953 741
	2	185 839.3	568 916.2	377 446.12	2 131 606.13
	3	191 374.8	585 405.3	390 407.85	2 272 595.17
	4	198 531.5	606 225	399 684.82	2 399 152

（续表）

年份	季度	存款性公司资产——国外净资产月末数（亿元）	存款性公司负债——货币和准货币月末数（亿元）	金融机构各项贷款月末数（亿元）	外汇储备月末数（百万美元）
2010	1	202 280	649 947.5	425 785.27	2 447 083.65
	2	207 272.6	673 921.7	446 045.62	2 454 274.8
	3	215 974.1	696 471.5	462 822.64	2 648 303
	4	226 045	725 851.8	479 195.55	2 847 338
2011	1	235 260.6	758 131	494 740.7	3 044 674
	2	243 522.6	780 821	514 025.54	3 197 491
	3	248 704.1	787 406.2	529 118.34	3 201 683
	4	251 644.5	851 590.9	547 946.69	3 181 148
2012	1	258 068.1	895 565.5	572 474.82	3 304 970.65
	2	261 277.2	924 991.2	596 422.59	3 240 005
	3	261 919.2	943 688.8	615 089.48	3 285 095
	4	258 850.9	974 148.8	629 909.64	3 311 589.23
2013	1	269 482	1 035 858	657 591.82	3 442 649.17
	2	272 682	1 054 404	680 837.17	3 496 686
	3	272 740	1 077 379	702 832.25	3 662 662
	4	280 986	1 106 525	718 961.46	3 821 315.21
2014	1	284 032.46	1 160 687.38	749 089.78	3 948 097
	2	289 009.16	1 209 587.2	776 336.66	3 993 213

附录 2 用于因子分析的经济金融变量表

原 始 数 据	数据转换
金融变量	
存款性公司概览(资产)——对非金融机构债权月末数(亿元)	ln
存款性公司概览(负债)——货币月末数(亿元)	ln
存款性公司概览(负债)——流通中现金月末数(亿元)	ln
存款性公司概览(负债)——活期存款月末数(亿元)	ln
存款性公司概览(负债)——准货币月末数(亿元)	ln
存款性公司概览(负债)——定期存款月末数(亿元)	ln
存款性公司概览(负债)——储蓄存款月末数(亿元)	ln
存款性公司概览(负债)——其他存款月末数(亿元)	ln
存款性公司概览(负债)——实收资本月末数(亿元)	ln
存款性公司概览(资产)——国内信贷月末数(亿元)	ln
银行间隔夜同业拆借交易量(亿元)	ln
银行间 7 天内同业拆借交易量(亿元)	ln
银行间 15—20 天同业拆借交易量(亿元)	ln
银行间 21—30 天同业拆借交易量(亿元)	ln
银行间 31—60 天同业拆借交易量(亿元)	ln
货币(M1)月末数(亿元)	ln
流通中现金(M0)月末数(亿元)	ln
金融机构一年期人民币存款基准利率	*level*
金融机构一年期人民币贷款基准利率	*level*
银行间同业拆借加权平均利率(%)	*level*
实体部门变量	
国内生产总值(亿元)	ln*ma*
房地产开发投资总额(亿元)	ln

（续表）

原　始　数　据	数据转换
固定资产投资完成额（亿元）	ln
工业企业利润总额（亿元）	ln
工业企业产品销售收入（亿元）	ln
进口额（千美元）	ln
出口商品价格总指数（上年同月 = 100）	*level*
出口商品价值总指数（上年同月 = 100）	*level*
进口商品价格总指数（上年同月 = 100）	*level*
进口商品价值总指数（上年同月 = 100）	*level*
居民当月消费价格指数（上年 = 100）	*level*
居民当月居住消费价格指数（上年 = 100）	*level*
商品零售价格指数（上年 = 100）	*level*
当月房地产开发综合景气指数	*level*
宏观经济景气指数（一致指数）	*level*
工业企业增加值增速（%）	*level*
股权市场变量	
沪市股票综合市场风险评价系数 β	*level*
当月上证最高 A 股综合指数	*level*
当月上证最低 A 股综合指数	*level*

注：上述所有的变量时间跨度为 1997 年第一季度至 2014 年第二季度，所有序列频率均为季度（通过季度汇总或者季度尾月末数据计算获得季度数据）。为了用于因子提取，我们对一些原始数据进行了相应的转换。其中，ln 为对数水平，ln*ma* 为滑动平均后取对数，*level* 为标高。

附录 3　因子分析中的因子得分

季度	因子及其得分				
	f1	f2	f3	f4	f5
1997q1	−1.443 51	0.756 343	3.479	−0.594 55	0.388 192
q2	−1.282 04	0.446 167	3.341 039	−0.607 2	0.645 561
q3	−1.335 68	0.317 614	3.098 74	−0.658 94	0.319 035
q4	−1.201 15	−0.540 78	2.161 732	−0.658 39	−0.479 59
1998q1	−1.505 67	−0.581 61	1.643 903	−0.310 21	−0.653 83
q2	−1.475 09	−1.166 3	1.290 071	0.174 88	−0.466 56
q3	−1.366 9	−1.427 45	0.393 674	−0.014 5	−0.230 49
q4	−1.146 34	−1.366 5	0.201 143	−0.179 56	−1.153 23
1999q1	−1.512 09	−1.463 29	−0.063 36	0.071 242	0.745 149
q2	−1.458 35	−1.247 46	−0.750 1	0.155 726	1.185 294
q3	−1.331 9	−0.318 33	−0.770 06	−0.009 6	2.869 735
q4	−1.004 94	−0.782 78	−0.640 78	−0.449 05	0.249 55
2000q1	−1.253 93	0.251 591	−0.875 07	−0.398 74	1.040 73
q2	−1.103 49	0.719 347	−0.504 96	−0.080 34	1.497 995
q3	−1.120 41	0.208 8	−0.565 74	0.314 978	1.112 433
q4	−1.006 28	0.089 777	−0.716 71	0.392 039	1.321 241
2001q1	−1.096 99	−0.233 83	−0.818 49	0.660 122	1.241 402
q2	−0.938 61	−0.779 08	−0.792 37	0.893 286	−0.357 35
q3	−0.842 78	−0.962 55	−0.868 11	0.345 789	−0.204 85
q4	−0.707 7	−0.883 26	−0.721 47	−0.042 79	−0.588 15

（续表）

季度	因子及其得分				
	f1	f2	f3	f4	f5
2002q1	−0.829 3	−0.738 97	−0.912 32	0.075 518	0.463 418
q2	−0.672 07	−0.752 78	−1.055 32	−0.067 62	−0.285 21
q3	−0.64 573	0.053 231	−1.356 19	−0.355 78	0.610 429
q4	−0.547 29	0.106 401	−1.322 22	−0.540 44	0.441 465
2003q1	−0.699 97	0.830 59	−1.367 85	−0.369 65	0.893 623
q2	−0.455 84	0.582 06	−1.056 53	−0.416 33	0.079 235
q3	−0.348 56	0.591 583	−0.912 96	−0.634 18	−0.589 72
q4	−0.290 72	1.311 31	−0.843 45	−0.596 22	−0.573 95
2004q1	−0.404 79	1.230 52	−1.000 14	−0.237 67	−0.581 23
q2	−0.272 5	1.584 917	−0.766 79	−0.663 47	−0.196 41
q3	−0.162 2	1.341 751	−0.468 7	−0.732 54	−0.664 01
q4	−0.072 14	1.060 492	−0.561 56	−1.101 4	−0.680 06
2005q1	−0.112 9	0.859 633	−0.374 79	−1.234 91	−0.713 86
q2	0.080 715	0.547 027	−0.377 57	−1.507 25	−1.313 97
q3	0.110 932	0.444 999	−0.426 48	−1.413 09	−1.481 88
q4	0.192 208	0.399 191	−0.344 41	−1.447 48	−1.991 44
2006q1	0.088 038	0.330 781	−0.349 15	−1.127 22	−1.259 81
q2	0.226 177	0.427 843	−0.174 97	−0.749 25	−2.289 35
q3	0.244 447	0.570 751	−0.092 61	−0.755 21	−1.711 76
q4	0.255 608	0.364 823	0.034 524	0.161 227	−1.720 53

（续表）

季度	因子及其得分				
	f1	f2	f3	f4	f5
2007q1	0.096 209	0.144 78	0.231 195	1.266 682	−1.888 13
q2	0.153 95	0.666 611	0.214 607	2.019 202	−0.870 12
q3	−0.012 01	0.485 577	0.448 141	3.979 956	−0.270 56
q4	0.051 611	0.736 146	0.513 848	3.727 105	−0.947 83
2008q1	0.144 066	1.478 793	0.736 511	2.310 094	−0.154 57
q2	0.295 292	1.693 442	0.888 458	1.112 23	0.187 851
q3	0.656 464	1.008 462	0.778 033	−0.317 93	0.033 099
q4	0.884 054	−1.500 89	0.385 83	−0.219 61	−0.398 69
2009q1	0.739 184	−2.594 78	−0.004 4	0.296 186	−1.105 24
q2	0.808 853	−2.751 38	−0.341 99	1.156 604	−1.328 72
q3	0.823 894	−2.156 62	−0.670 48	1.163 186	−1.248 97
q4	0.619 236	0.331 817	−0.855 78	1.272 972	1.245 495
2010q1	0.471 347	0.951 631	−0.908 95	1.161 588	0.700 852
q2	0.854 113	1.045 832	−0.555 43	−0.165 48	0.166 155
q3	0.987 479	0.550 675	−0.356 78	0.111 742	−0.166 39
q4	1.020 879	0.684 536	0.005 446	0.344 188	0.100 347
2011q1	0.943 578	1.235 869	0.073 904	0.382 321	0.275 037
q2	0.971 238	1.252 76	0.637 07	0.309 919	0.437 132
q3	1.218 808	1.109 724	0.633 065	−0.122 9	0.671 897
q4	1.213 842	0.465 485	0.447 681	−0.193 99	1.312 939

（续表）

季度	因子及其得分				
	f1	f2	f3	f4	f5
2012q1	1.305 942	−0.383 77	0.495 901	0.035 937	0.655 519
q2	1.444 072	−0.654 19	0.358 767	−0.443 35	0.369 475
q3	1.530 639	−0.755 07	0.381 934	−0.712 92	1.076 878
q4	1.573 75	−0.406 87	0.357 15	−0.678 87	1.477 265
2013q1	1.407 674	−0.591 69	0.035 209	−0.328 48	1.147 47
q2	1.580 81	−0.790 44	0.505 552	−0.676 19	0.989 986
q3	1.596 493	−0.596 44	0.249 505	−0.484 88	0.900 192
q4	1.654 033	−0.669 87	0.487 257	−0.504 87	0.829 82
2014q1	1.665 1	−1.308 59	0.517 47	−0.421 69	0.464 515
q2	1.749 129	−0.864 14	0.518 681	−0.67	0.420 04

3 为什么选择自由贸易试验区作为对外开放的突破口

中国需要通过进一步对外开放特别是服务业的对外开放来提升全球价值链，同时需要通过开放倒逼改革，取得改革红利。但对外开放过程实际上是国家适应国际贸易投资新规则的国家治理制度、国家治理能力和国家治理技术的转变过程，这不仅需要时间逐步调整，更需要国家实力提升过程和改革的利益调整过程，这种过程会碰到许多不确定，需要通过自由贸易试验区的方式降低风险。

(1) 选择自由贸易试验区的依据

2013年7月，国务院批准设立中国（上海）自由贸易试验区，2013年8月30日，全国人民代表大会常务委员会关于授权国务院在中国（上海）自由贸易试验区暂时调整有关法律规定的行政审批的决定，标志着我国自贸试验区正式进入实质性的运作。2014年12月，国务院又批准了中国（广东）自由贸易试验区、中国（天津）自由贸易试验区、中国（福建）自由贸易试验区以及中国（上海）自由贸易试验区扩展区域。全国人民代表大会常务委员会第十二次会议授权国务院暂时调整《中华人民共和国外资企业法》、《中华人民共和国中外合资经营企业法》、《中华人民共和国中外合作经营企业法》和《中华人民共和国台湾同胞投资保护法》规定的有关行政审批。

作为自由贸易区，需要通过试点形成有效而又开放的货物监管制度。我国从总体上看是一个实体经济国家，货物进出口额排名世界第一，但是我国在货物贸易自由化水平和监管水平并不高。2014 年，我国的贸易促进指数排名第 54 名，同美国（第 15 名）等大型经济体相比还存在比较大的差距。2015 年世界银行营商环境报告跨境贸易指标名列世界国家（地区）第 89 位，贸易制度成本大大高于同样以实体经济为主的德国、日本、韩国等。同时，作为经济体大国，与新加坡和中国香港等关境相比较，货物贸易监管的复杂程度高很多，会涉及多种货物贸易方式以及不同货物贸易方式下的国内、国际关境流动，从而涉及不同的税制，这样就需要在保证货物得到有效监管的条件下推动货物贸易的自由化，通过货物贸易的自由化和贸易制度成本的降低，提升我国实体经济的国际竞争力。

我国海关特殊监管区从 1990 年成立保税区，到后来保税港区、出口加工区和保税港区等各种类型的海关特殊监管区成立，对中国实体经济提升起到了重要作用。但是，长期以来始终没有解决“放”与“收”的问题，一放就会出现走私等监管问题，一收就难以体现特殊监管区的高效。通过自贸试验区内海关特殊监管区货物贸易领域的监管试点，形成适合中国国情的海关特殊监管区货物监管制度和管理模式，取得经验以后推广到全国海关特殊监管区。

表 1-15　自贸试验区中的海关特殊监管区

	海关特殊监管区	面积(平方公里)
中国(上海)自由贸易试验区	上海外高桥保税区	10
	上海外高桥保税物流园区	1.03
	洋山保税港区	8
	上海浦东机场综合保税区	4
中国(广东)自由贸易试验区	广州南沙保税港区	7
	深圳前海湾保税港区	3.71
中国(天津)自由贸易试验区	东疆保税港区	10
	天津港保税物流区	2
中国(福建)自由贸易试验区	象屿保税区	0.63
	厦门海沧保税港区	10
	福州保税区	2
	福州保税港区	9.26
	福州出口加工区	1.14
合　计	13	68.77

资料来源：根据公布的自贸试验区整理。

表 1-15 是到目前为止四个自贸试验区所包含的海关特殊监管区，涉及了所有我国海关特殊监管区形式，特别是上海外高桥保税区、上海外高桥保税物流园区等区域在全国海关特殊监管区的货物贸易占很高比重，本身在发展中碰到了许多制度障碍，需要通过先行先试解决。

作为试验区，需要通过进一步开放试点来形成以市场配置资源为主的政府治理模式。在全球价值链的国际分工条件下，一国参与全球竞争从产品间贸易的比较优势转向以产品内贸易的比较优势发展，产业中的不同任务通过多次国际贸易组合成最终产品，有任务贸易引起的贸易自由化并不仅仅是货物贸易的自由化，而且包括国际投资和服务贸易，信息与通讯技术革命带来的是21世纪贸易规则，必然是货物贸易、国际投资和服务贸易有机联系的规则，①其核心是互联网的在线服务和跨境数据传输方式进行联结，所以，21世纪的贸易规则说到底就是数字贸易规则。②但是这些服务碰到国家安全问题，在目前国家安全特别是国家信息安全在顶层设计到国家信息安全的规则、机制尚未健全的情况下需要通过试点来健全服务业开放中国家安全问题。同时，与金融服务开放有关的人民币国际化也是十分重要但存在着风险的改革开放举措，资本项目的开放与一国的竞争力、监管措施和监管能力直接相关，但这些条件不成熟的情况下，贸然在全境范围内开放会引起难以预测的风险。在目前试点的四个自贸试验区中，都有相关金融制度创新的内容。

---

① Richard Baldwin(2011) 21st Century Regionalism: Filling the Gap between 21st Century Trade and 20th Century Trade Rules, pp.4—7, https://www.wto.org/english/res_e/reser_e/ersd201108_e.pdf.

② Edward Gresser(2014) 21ST-CENTURY TRADE POLICY The Internet and the Next Generation's Global Economy, P2, http://progressive-economy.org/files/2014/01/21st.Century.Trade_.pdf.

表 1-16 自贸试验区中的非海关特殊监管区

	非海关特殊监管区	面积(平方公里)
中国(上海)自由贸易试验区	陆家嘴金融片区	34.26
	金桥开发片区	20.48
	张江高科技片区	37.2
中国(广东)自由贸易试验区	广州南沙新区片区	52.94
	深圳前海蛇口片区	24.49
	珠海横琴新区片区	28
中国(天津)自由贸易试验区	天津港片区	20
	天津机场片区	41.1
	滨海新区中心商务片区	46.8
中国(福建)自由贸易试验区	平潭片区	43
	厦门片区共 43.78 平方公里	33.13
	福州片区共 31.26 平方公里	18.86
合　　计	12	400.26

资料来源：根据公布的自贸试验区整理。

从目前自贸试验区空间配置的角度看，中国(上海)自由贸易试验区依托长三角和国内市场，对中国全球价值链起到带头作用，通过先行先试，在建设国际金融中心和国际航运中心的同时提升中国在世界经济中的竞争实力。中国(广东)自由贸易试验区与中国香港特别行政区和中国澳门特别行政区毗邻，将更有利于推进和落实《内地与香港关于建立更紧密经贸关系的安排》和《内地与澳门关于建立更紧密经贸关系的安排》，在服务业率先开放和人民币国际化方面形成合作机制。中国（福建）自由贸易试验区与中国台湾毗邻，将有利于推进和落实《海峡两岸经济合作框架协议》，推动大陆与我国台湾在服务贸易领域的开放和人民币国际化。中国（天津）自由贸易试验区在推动京津冀一体化中起到引领作用。

（2）中国（上海）自由贸易试验区的试点内容

2013年，国务院决定成立中国（上海）自由贸易试验区，以制度创新为出发点，通过试验，取得经验，并对区外进行复制和推广。

从2013年9月28日到2014年9月30日，《中国（上海）自由贸易试验区总体方案》要求试点的事项达到77项，根据方案，全国人大暂时调整了3部法律，国务院已调整实施17部行政法规、3部行政规章和4部国务院规范性文件。根据《中国（上海）自由贸易试验区总体方案》，国务院、国务院有关部委和上海市人民政府通过了相关法律、法规、通知、意见、公告以及相应的实施细则。其中法律1部，行政法规和地方性法规5部，行政规章10部，其他规范性文件93部，共109部。

《中国（上海）自由贸易试验区总体方案》试点的主要内容，一是制度创新，主要包括投资管理制度创新、贸易监管制度创新、金融监管制度创新、综合监管制度创新四大方面的制度创新；二是分两批扩大服务业开放。第一批是2013年9月，涉及六大领域23项具体措施，第二批是2014年9月，涉及20个子行业的开放措施；三是功能拓展，涉及贸易、金融和航运三个方面的功能拓展；四是与上述三大内容相关的法制保障。具体试点的77项内容见表1-17。

《中国(上海)自由贸易试验区总体方案》首先依据上海综合保税区实际运行的情况为实体经济提供服务，解决上海综合保税区长期以来尚未解决的制度瓶颈问题，《方案》中的许多制度设计是为实体经济服务，并为上海四个中心建设提供功能支撑。其次，为国家在全球价值链中的位置提升提供制度创新经验，以投资管理制度创新最为明显。最后，改革和开放

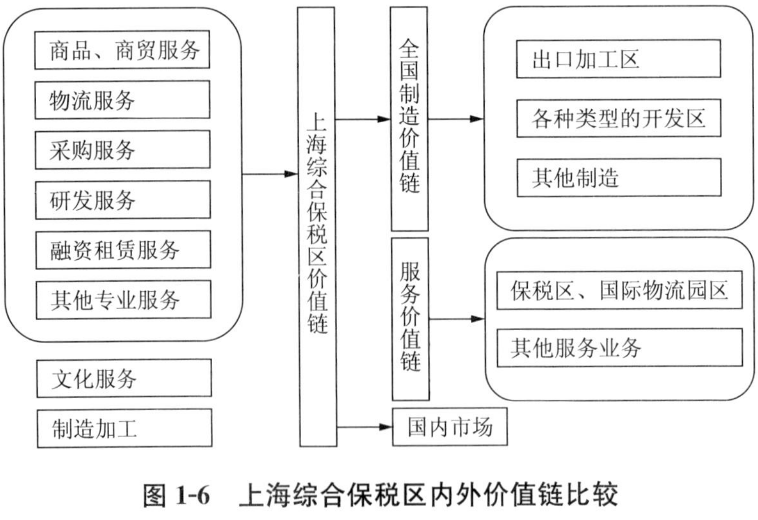

图1-6　上海综合保税区内外价值链比较

表 1-17 中国(上海)自由贸易试验区国务院方案目录

四大领域	分项目标	序号	中国(上海)自由贸易试验区总体方案目录
制度创新	投资管理制度创新	1	对外商投资试行准入前国民待遇
		2	负面清单管理模式(2013 年版、2014 年版)
		3	外商投资项目实行备案制
		4	一口受理制度
		5	境外投资项目实行备案制
		6	促进投资的税收政策
	贸易监管制度创新	7	先入区、后报关
		8	实行“进境检疫，适当放宽进出口检验”模式
		9	探索建立货物状态分类监管模式
		10	在特定区域设立保税展示交易平台
		11	优化卡口管理，加强电子信息联网
		12	“方便进出，严密防范质量安全风险”检验检疫监管
		13	加强电子账册管理，推动货物在各海关特殊监管区域之间和跨关区便捷流转
		14	推进组建统一高效的口岸监管机构
		15	试验区统一电子围网管理
		16	促进贸易的税收政策
	金融监管制度创新	17	人民币资本项目可兑换
		18	金融市场利率市场化
		19	金融机构资产方价格实行市场化定价
		20	人民币跨境使用

（续表）

四大领域	分项目标	序号	中国（上海）自由贸易试验区总体方案目录
制度创新	金融监管制度创新	21	跨境融资自由化
		22	促进跨境融资便利化
		23	探索面向国际的外汇管理改革试点，全面实现贸易投资便利化
		24	深化跨国公司总部外汇资金集中运营管理试点
	综合监管制度创新	25	各部门协同管理机制
		26	行业信息跟踪、监管和归集的综合性评估机制
		27	试验区信息公开机制
		28	市场监管执法制度
		29	社会力量参与市场监督
		30	投资者权益有效保障机制
		31	知识产权纠纷解决机制
		32	推进企业运营信息与监管系统对接
		33	企业商务诚信管理和经营活动专属管辖制度
		34	反垄断审查制度
		35	国家安全审查制度
扩大开放	金融服务领域开放	36	银行服务
		37	专业健康医疗保险
		38	融资租赁
	航运服务	39	远洋货物运输
		40	国际船舶管理
	电信服务	41	增值电信

（续表）

四大领域	分项目标	序号	中国（上海）自由贸易试验区总体方案目录
扩大开放	商贸服务	42	游戏机、游艺机销售及服务
	专业服务	43	律师服务
		44	资信调查
		45	旅行社
		46	人才中介服务
		47	投资管理
		48	工程设计
		49	建筑服务
	文化服务	50	演出经纪
		51	娱乐场所
	社会服务	52	教育培训、职业技能培训
		53	医疗服务
功能拓展	贸易功能拓展	54	鼓励跨国公司建立亚太地区总部
		55	拓展国际贸易结算专用账户的服务贸易跨境收付和融资功能
		56	发展离岸业务
		57	内外贸一体化发展
		58	设立国际大宗商品交易平台
		59	扩大完善期货保税交割试点
		60	支持融资租赁公司设立项目子公司并开展境内外租赁服务
		61	鼓励设立第三方检验鉴定机构

（续表）

四大领域	分项目标	序号	中国（上海）自由贸易试验区总体方案目录
功能拓展	贸易功能拓展	62	试点开展境内外高技术、高附加值的维修业务
		63	加快培育跨境电子商务服务功能
	金融服务功能拓展	64	金融服务业对民营和外资全面开放
		65	试验区内设立外资银行和中外合资银行
		66	金融市场在试验区内建立面向国际的交易平台
		67	逐步允许境外企业参与商品期货交易
		68	支持股权托管交易机构在试验区内建立综合金融服务平台
		69	支持开展人民币跨境再保险业务
		70	支持设立专业从事境外股权投资的项目公司
		71	支持设立境外投资股权投资母基金
	航运服务功能拓展	72	发展航运运价指数衍生品交易业务
		73	推动中转集拼业务发展
		74	允许中资公司拥有或控股拥有的非五星旗船，先行先试外贸进出口集装箱的沿海捎带业务
		75	利用中资“方便旗”船税收优惠政策，促进符合条件的船舶在上海落户登记
		76	试验区实行已在天津试点的国际船舶登记政策
		77	简化国际船舶运输经营许可流程，形成高效登记制度

资料来源：根据《中国（上海）自由贸易试验区总体方案》整理而成。

不仅是国家治理能力的提升问题，而且是国家之间利益争夺、国内企业之间利益重新分配，因而充满了不确定性和风险，需要通过试点，提升国家治理能力。

(3) 中国(上海)自由贸易试验区试点总体评价

事实上，在一年时间内，针对自贸试验区，推出如此之多的制度安排以及复制和推广了 28 项制度，这在世界各国推动改革开放的历史上绝无仅有，也充分表现了中国政府进一步扩大开放的决心。当然，我们要认识到制度创新的复杂性和艰巨性，特别是与国际高标准国际贸易规格和国际投资制度之间的差距，因而制度改革具有长期性。

第一，负面清单管理模式。试行负面清单管理模式，是对现行外商投资管理制度和管理模式的实质改变，对我国外商投资管理理念、制度创新以及管理措施的透明度等都产生了深刻影响。但是，目前自贸试验区的负面清单管理模式与国际高标准国际投资规则之间在涵盖范围、不符措施内容、清单开列方式等方面，还存在一定差异。

第二，事中事后监管制度创新。自贸试验区构建了以六个子体系为主要内容的政府事中事后管理体制，建立信息共享制度，实行“网上自动赋码”制度。但与发达国家成熟的事中事后监管制度和体系相比较，监管制度有待进一步细化，监管能力有待进一步提高。

第三，服务业对外开放。服务贸易开放的部门覆盖率达到83.33%（世界贸易组织行业分类标准），主要开放措施是股权比例放开，业务范围扩大和降低资质申请要求等三个方面。但是，与服务贸易领域规则的高标准相比，自贸试验区在服务开放的总体框架、不同服务贸易提供模式的列表方式、负面列表的适用范围等方面，存在一定的差距。

第四，金融制度创新和金融服务功能拓展。自贸试验区在推进金融开放过程中，已经构建了一套以分账核算体系和自由贸易账户为核心的风险管理制度，符合国际上对金融监管发展的趋势。

第五，货物监管方面。现已实施的贸易监管措施，在确保安全、有效监管的前提下推动了货物进出境的便利化。同时，货物通关涉及各部门大量衔接工作，现行试点的国际贸易“单一窗口”还有进一步调整和改善空间。

第六，法制保障方面。自贸试验区已经逐步建立起国家和地方两大层面的法律制度，为有序推进自贸试验区的各项工作提供了法制保障。但自贸试验区的法制保障，尚存在法的效力等级较低等问题，有些制度还需要进一步创新。

但是，与金融负面列表方式的国际贸易投资新规则相比较，自贸试验区的金融制度创新尚存在着差距。

(4) 自贸试验区的历史使命

国家的竞争归根到底是实力的竞争，这种竞争主要体现在武器、货币和不断创新的企业家资源，这三者是相辅相成的，武器是一个国家安全的基本保证，也是一国实力的基本体现。一个国家，如果连基本的国家安全都保护不了，谈什么发展经济和保护人民，而武器不仅仅只依靠军工企业，更要靠企业的不断原创，才能制造出国际领先的武器。货币是国际贸易投资的利益体现，因而推动人民币的国际化是国家成为强国的重要手段，而一国货币是否成为国际货币市场中的主要结算货币，与这个国家企业在国际上的实力有关，没有不断创新的企业资源作为支撑，就难以实现货币在国际市场中的强势地位。不断创新的企业资源决定一国在全球价值链的位置，在技术不断演变和经济全球化的条件下，企业之间的竞争从国内市场走向全球市场，竞争路径、方式都发生了根本性变化，竞争的激烈程度之惨烈，创新速度之快，影响程度之深与过去 20 年根本无法相比。因此，未来发展创新企业在国家实力中的竞争更为重要，而创新企业需要通过企业家资源。

中国在全球价值链中的位置以及中国区域经济发展的不平衡说明了中国经济发展的路径和方式与美国等大国的不同，比如上海与美国纽约相比，应该承担更大的责任。这种责任体现在上海应该成为全球创新中心，而全球价值链中的创新并不仅仅体现技术创新，甚至是仅仅指原创，还包括流程、产品、功能和供应链等四个方面的创新，“流程、产品、功能和供应链升级，都承担着创造和从全球价值链的活动中攫取更多价值的作用。当看一个国家出口的（国内）价值增加值含量时，整个国家的升级轨迹和创新动态就会变得非常明显。”[①]中国（上海）自由贸易试验区制度创新的目的就是为了在全球价值链中攫取更多价值。

自贸试验区建设首先为国家提升全球价值链试点一套制度安排，为国家治理能力提升和治理技术提供一套可复制、可推广的经验。根据国际贸易投资规则而需要创新保障“市场在资源配置中起决定性作用”的规则不是简单的几个条目，而是适合中国经济发展阶段和商业文化下的商业规则和营商环境，这种规则的制定需要国家、地方和自贸试验区管理委员会的共同合作，也需要专业领域的学者参与，这是自贸试验区的历史使命。

以自贸试验区为平台，成为新一轮对外开放中提升中国在全球价值链位置中的增长点。自贸试验区应该成为全国经济转型的领头羊，在现有优质企业资源不足以推动经济转型的条

① 经济合作与发展组织：《互联经济体：受益于全球价值链》，中国商务出版社 2013 年版，第 227 页。

件下，通过自贸试验区吸收优质企业资源，服务全国的制造业，支撑实体经济的转型，这应该是自贸试验区的首要任务。

要吸收优质企业资源，就需要自贸试验区提供良好的营商环境，通过良好的营商环境，吸引八方来客，以自贸试验区为基础，先行改革外商投资管理制度，提升政府治理能力，是整体突破全球价值链节点的基本保障。

第二部分 建成我国开放度最高的自由贸易试验区

■ 我国参与国际贸易投资新规则的制定，就是要根据我国经济发展的阶段，特别是企业总体的发展要求，先锋企业的基本需求，提出与现有经济发展阶段相适应的国际贸易投资规则。

■ 自贸试验区营商环境的改善，就是要根据营商环境中的具体指标，以市场在资源配置中起决定性作用作为营商环境的基本取向，改变市场准入的行政审批制度、优化产业项目流程和强化事中事后监管制度。

■ 自贸试验区通过实施准入前国民待遇加负面清单为核心的外商管理制度改革，推动外商投资管理模式由正面清单管理模式向负面清单管理模式的转变，体现了国际高标准投资规则对外商投资管理制度的基本要求，为形成与国际接轨的外商投资管理制度提供了可复制可推广的经验。

- 上海自贸试验区金融制度创新的关键是在推动金融开放的过程中，形成一套科学、有效的风险防范机制，在促进金融服务于实体经济发展的同时，进一步提升金融监管能力，为推动我国金融体制改革提供先行先试的经验。

- 在自贸试验区试点建设“国际贸易单一窗口”，有利于从根本上解决现行口岸管理部门林立、通关环节众多、执法平台封闭运作等突出问题，破解货物通关运作中存在的体制机制性障碍，通过试点建设在全国范围形成可复制推广的制度经验，为推动我国货物监管制度的重大改革提供支撑。

要完成新一轮国家改革开放战略，就是要以国际贸易投资新规则为标杆，建设我国开放度和贸易便利化最高的自由贸易区。同时经济转型和进一步融入经济全球化必然带来世界经济周期变化和深水区改革所产生的双重风险，在转型时期国家治理结构尚未完善的情况下，需要通过自贸试验区这样的试点平台降低风险。

1 国际贸易投资新规则与最开放的自贸试验区

中国(上海)自由贸易试验区以及其他自贸试验区作为国家战略的试验区，首先要清楚国际贸易投资新规则的变动趋势，新趋势变化的原因。其次要考虑中国是否要接受这种国际贸易投资新规则，如果中国接受国际贸易投资新规则基本框架的话，如何通过试验区来试点这些新规则。最后考虑如何参与新规则的制定。

(1) 国际服务贸易新规则

1995年，世界贸易组织成立以来，《服务贸易总协定》(GATS)被认为是一生效即被淘汰的规则，与此同时，北美自贸区签署成立，形成了与《服务贸易总协定》不同的《自由贸易区协定》(NAFTA)型规则。

在多哈回合至今没有在国际投资、服务贸易领域达成任何自由化协定的情况下，各成员方开始了从双边、区域和诸边等方面去寻求投资和贸易自由化的谈判空间，从目前的趋势看，朝着两个方面的规则设计，一是WTO议题基础上的深化，包括服务贸易、货物贸易和知识产权，相对而言，货物贸易领域的覆盖率高，但服务、投资和国有企业等议题的覆盖率相对低一些。二是非 WTO 议题，称为 WTO－X 条款，主要涉及国际投资、公平竞争、环境和劳工标准，这种类型我们称为 NAFTA 型，从具体达成各类区域贸易协定的内容看，NAFTA 型作为国际贸易新规则的代表，已经超过 GATS 型。在 121 个带有服务贸易内容的区域协定中，NAFTA 型 60 个，占 49.58%，GATS 型 43 个，占 35.54%，其他类型 18 个，占 14.88%。NAFTA 型与 GATS 型被认为是完全不同的国际服务贸易规则，基本框架见表 2-1。

表 2-1 与服务贸易有关的条款:NAFTA 型协定

跨境服务贸易 适用及涵盖范围 (提供模式)	NAFTA (1)；(2)； (4)	列表形式	GATS (1)；(2)； (3)；(4)	列表形式
最惠国待遇	条款 1203	负面列表	条款 II	负面列表
国民待遇	条款 1202	负面列表	条款 XVII	正面列表
市场准入	未包括	n.a.	条款 XVI	正面列表
待遇水平	条款 1204	n.a.	未包括	n.a.
当地存在	条款 1205	负面列表	未包括	n.a.
数量限制	条款 1207			正面列表
非歧视性措施自由化	条款 1208	n.a.	未包括	n.a.
透明度		n.a.	条款 III[b]	n.a.
外汇转移		n.a.	条款 XI	
本地条款	条款 1210[a]	n.a.	条款 VI	ArticleXVII[c]
互相承认	条款 1210	n.a.	条款 VII	n.a.

（续表）

跨境服务贸易 适用及涵盖范围 （提供模式）	NAFTA （1）；（2）； （4）	列表形式	GATS （1）；（2）； （3）；（4）	列表形式
投资条款——适用及涵盖范围				
最惠国待遇	条款 1103	负面列表	n.a.	n.a.
国民待遇	条款 1102	负面列表	n.a.	n.a.
最低待遇标准	条款	负面列表	n.a.	n.a.
业绩要求	1104—1105	负面列表	n.a.	n.a.
高层管理人员	条款 1106	负面列表	n.a.	
外汇转移	条款 1107	n.a.		
	条款 1109			
商务人员	章节	正面列表	正面列表	
特殊部门 金融服务 基础设施	章节 未包括	负面列表 n.a.	附件及协定 V 附件及协定 IV	
专业服务	附件 1205	正面列表	工作流程	

注：基于协定条款 a：仅执照要求；b：及其他条款；c：正面列表；n.a.：不可获得。

资料来源：Sebastian Saez，Trade in Services Negotiations：A Review of the Experience of the United States and the European Union in Latin America，Division of International Trade and Integration Santiago，Chile，December 2005。

服务贸易新规则主要内容包含贸易模式、国际投资以及相对应的适用范围、列表方式及相对应的不符措施、特别部门规则。

第一，服务贸易模式和行业覆盖。

服务贸易的主要提供方式是跨境贸易，跨境贸易主要是指原来《服务贸易总协定》中的跨境交付、境外消费和自然人流动三种服务提供方式，在服务贸易新规则谈判中，统一形成一个服务贸易模式。国际投资与跨境贸易并列，作为服务贸易新规则的主要内容。所有服务部门都列入服务贸易的谈判范围，包括不可预知的新兴服务部门。跨境贸易涉及最惠国待遇、国民待遇、市场准入、待遇水平、当地存在和数量限制六个方面的内容。国际投资涉及最惠国待遇、国民待遇、最低待遇标准、业绩要求、高层管理人员和转移六个方面。

第二，列表方式及相对应的不符措施。

无论是跨境贸易，还是国际投资，都采用负面列表方式。缔约方的所有服务部门均受到约束，除非在清单中列明保留或例外。不符措施条款相关的附件内容主要有：与跨境服务贸易和投资章节的核心义务不一致的现有措施，与跨境服务贸易和投资章节的核心义务不一致的、可采取或维持或制定更为严格的限制措施的部门、子部门或活动，特殊行业（主要是指金融服务、电信服务和电子商务等）的不符措施条款（见表 2-2）。

第三，特殊服务部门的规则。

特殊服务部门主要包括电信服务、金融服务和跨境电子商务。电信服务部门涉及国家安全问题，所以在服务贸易新规则谈判中，主要有两种类型：第一种是限于适用基础电信服

表 2-2 不符措施条款有关的附件内容

	附件一保留项	附件二保留项	附件三保留项
适用章节	跨境服务贸易与投资	跨境服务贸易与投资	金融服务
涉及义务	国民待遇、最惠国待遇、当地存在、业绩要求、高级管理人员和董事会、市场准入	国民待遇、最惠国待遇、当地存在、业绩要求、高级管理人员和董事会、市场准入	国民待遇、最惠国待遇、市场准入、跨境贸易、高级管理人员和董事会
基本要素	部门、相关义务、政府级别、措施、描述	部门、相关义务、现有措施、描述	第一部分：部门、子部门、相关义务、政府级别、措施、描述； 第二部分：部门、子部门、相关义务、政府级别、描述
主要内容	与跨境服务贸易和投资章节的核心义务不一致的现有措施	与跨境服务贸易和投资章节的核心义务不一致的、可采取或维持或制定更为严格的限制措施的部门、子部门或活动	第一部分列出与金融服务投资章节的核心义务不一致的现有措施； 第二部分列出与金融服务投资章节的核心义务不一致的、可采取或维持或制定更为严格的限制措施的部门、子部门或活动

资料来源：沈玉良、冯湘：《NAFTA 类型及其中国（上海）自由贸易试验区制度设计导向》，《世界经济研究》2014 年第 7 期。

务，如欧韩自贸区协定、日瑞自贸区协定，基本上在《服务贸易总协定》的基础上和电信协定的框架下的深化；第二种是所有影响电信服务贸易相关措施均有适用，如美韩自贸区协定、新澳自贸区协定。

金融服务部门开放方面，主要涉及新型金融服务提供，跨境金融服务和支付与清算系统。不同自贸区在金融领域的规则差异很大，一般包括三种类型：一是以正面列表形式给出的金融服务开放承诺，韩美自贸区属于这种类型；二是以负面清单形成列出的不一致措施，比如加拿大和巴拿马签署的自贸区协定；三是既有正面清单，又有负面清单的自贸区协定，比如尼加拉瓜和中国台湾的自贸区协定。

电子商务是信息与通讯技术以后飞速发展起来的业务，许多区域贸易协定中都用专门章节进行描述。[①]我们以韩美自贸区为例介绍电子商务条款。

① 定义。主要包括两类，一类是如为原产货物，安装在载体介质上的数字产品；或以电子方式传输的数字产品。

② 国民待遇。任何缔约方都不得基于以下因素给予某些数字产品低于其他同类数字产品的待遇：(a)因素为：得到较低待遇的数字产品是缔约另一方领土内创造、生产、出版、储存、传输、承包、代销或初次根据商业条件提供的；其作者、表演者、生产者、开发者、分销商或所有人是缔约另一方之法人或自然人；或(b)为向在其领土内创造、生产、出版、储

① 资料来源：沈玉良、李墨丝等：《国际服务贸易新规则研究》，对外经贸大学出版社 2014 年版，第 379—381 页。

存、传输、承包、委托或初次根据商业条件提供的其他同类数字产品提供保护。(c)任何缔约方都不得：给予在另一缔约方领土内创造、生产、出版、储存、传输、承包、委托或初次根据商业条件提供的数字产品低于在非缔约方领土内创造、生产、出版、储存、传输、承包、委托或初次根据商业条件提供的数字产品的待遇；或给予其作者、表演者、生产者、开发者或所有人是缔约另一方之法人或自然人的数字产品低于作者、表演者、生产者、开发者或所有人是非缔约方之法人或自然人的数字产品的待遇。

③ 不适用条款。 缔约一方提供给某项服务或服务提供者的补贴或援助，包括政府支持的贷款、担保与保险；或行使政府职权时提供的服务。 同时不适用于影响内容提供者为接收视频和/或音频资料安排的，内容消费者对此安排别无选择的一系列文本、视频、图片、录音及其他产品的电子传输的措施。

④ 电子认证与电子签名。 任何缔约方都不得就电子认证采取或维持具有以下效力的法律：禁止电子交易的双方共同确定该交易的恰当认证方法；禁止双方有机会在司法或行政当局确认双方之间的电子交易符合认证方面的任何法律要求；或仅以签名是电子形式为由否认签名的法律效力。

⑤ 在线消费者保护。 缔约双方确认采取与维持透明与有

效的措施在消费者进行电子商务活动时保护其不采用欺诈与欺骗商业惯例的重要性。缔约双方确认两国的消费者保护机构就与跨境电子商务相关的活动进行合作以提高消费者福利的重要性。在对电子商务中的欺诈与欺骗行为执法时，各缔约方国家消费者保护执法机构应尽力在双方共同关注的情况下与缔约另一方的国家消费者保护执法机构合作。

⑥ 无纸交易。各缔约方应尽力以电子方式向公众提供交易管理文件。各缔约方应尽力接受以电子形式提交的、与纸质文件具有同等法律效力的交易管理文件。

⑦ 电子商务中访问与使用互联网的原则。为支持电子商务的开发与增长，各缔约方确认其领土内的消费者应能够：访问与使用其所选择的数字产品，除非该缔约方的法律禁止；运行其所选择的应用程序与服务，但应服从执法需要；将其选择的装置与互联网相连，但该等装置不得损害网络并不得为该缔约方的法律所禁止；从网络提供商、应用程序与服务提供商以及内容提供商的竞争中获益。

⑧ 跨境信息流。缔约双方认可信息的自由流动对于促进贸易并确认保护个人信息的重要性，并应尽力不对电子信息的跨境流动施加或维持不必要的壁垒。

第四，国内法规纪律。

对国内规则在透明度、公平竞争、服务补贴等领域的约束。

第五，禁止反转条款。

锁定开放现状，未来的自主开放措施一旦实施不可撤回。

(2) 国际投资新规则

与服务贸易规则不同，在国际投资领域，至今尚未形成多边框架下的国际投资规则，国际投资规则呈现碎片化的格局。

最近几年以来，国际投资规则演变的趋势是“国际投资协定体系的持续扩大，国际投资协定体系所含条约的数目就超过了 5 500 项；订有投资条款、借此补充或者取代‘正统’双边投资条约(BIT)的自由贸易协定或者其他经济合作条约大量涌现。国际投资协定体系日益扩大的范围、日益增加的复杂程度、多样性以及相互作用”。①

2012 年 4 月，美国政府公布了 2012 版双边投资协定(BIT)的示范文本(以下简称 2012 年范本)，替代了 2004 年版本。美国 2012 年范本是代表世界最高水平的投资协定，被广泛应用于美国与其他国家投资协定的谈判。该范本强调营造公平、透明的投资环境，不仅包含一般投资协定都有的国民待遇、最惠国待遇、征收、转移等实体规则以及争端解决程序规则，还包含高标准的透明度、保护劳工和环境、国有企业竞争

① 联合国贸易与发展会议:《国际投资规则的制定:评估、挑战与前景展望》,第 2—3 页,http://unctad.org/ch/docs/iteiit20073_ch.pdf。

中立等规则。与2004年版本相比，2012年范本继续维持了在保护投资者利益与维护政府出于公共利益采取管理措施权力之间的平衡。同时，更加强调透明度和公众参与，以及劳工与环境的保护，并针对国有企业的特殊待遇和自主创新政策带来的扭曲等制定了更加严格的纪律。

第一，投资准入，实行投资准入前国民待遇原则。

2012年范本实行投资准入前国民待遇和负面清单的模式。美国BIT范本要求在外资设立阶段引进国民待遇标准，以及消除各类投资进入的前置要求或经营的履行要求。负面清单是国际投资谈判中市场准入议题的核心，以及准入前国民待遇的首要风险防范屏障。美国在BIT谈判中要求，负面清单不能太长，应当更多地开放投资领域，减少投资限制。

第二，公平竞争，主要包括国有企业、业绩要求、环境条款和劳工条款。

2012年范本要求国有企业竞争中立，强调国有企业应该和私有企业处于同样的外部环境，以保证它们在同等市场条件下公平竞争。该范本对国有企业的行为可能导致"国家责任"进行了明确界定，以及禁止东道国"国内技术要求"，同时强调外资参与国内标准制定。这一规定涉及国有企业管理体制改革的重大问题。

业绩要求。2012年范本要求东道国不得以具备某项业绩作为投资者获得投资准入许可、从事经营活动或获得优惠的条件，并且将服务领域包括在内。美国试图在BIT中彻底免除这一义务。

环境条款。2012年范本规定缔约方承认多边环境条约和协定对于环境保护的重要作用，确保不以背离环境保护法的方式鼓励投资。该范本还明确承认了缔约方在处理环保事项和资源分配的决策方面的自由裁量权，但条件须是缔约方的作为或不作为属于对该自由裁量权的合理使用，或者属于资源分配方面的善意决定。该范本规定要为因环保问题产生的事项提供公众参与的机会。总体上该范本的规定较为温和。

劳工条款。2012年范本规定：对于结社自由、集体谈判权、禁止强制劳动、消除就业和职位歧视、废除童工等“国际公认”的劳工权利，缔约方不得以背离其劳工立法的方式鼓励投资。该范本也包含了缔约方进行磋商以及保证公众参与机会的规定。总体上该范本的规定较为温和，但是劳工条款容易与人权问题挂钩。

第三，权益保护，主要包括外汇转移、金融服务、征收补偿、税收等八个方面。

外汇转移。2012年范本提出，与投资有关的外汇可在经常项目和资本项目下自由、无迟延地转移。同时规定，东道国可在遇到特殊情况时通过公正、无歧视和诚信的方式阻止转移，比如破产、刑事犯罪或违法等，但是没有给东道国在遇到国际收支困难时采取临时管制措施来限制资金转移留出余地。

金融服务。2012年范本规定，在市场准入方面金融服务列入负面清单附件三；该范本明确规定，允许缔约方可以依审慎原因采取或维持与金融服务有关的监管措施，“审慎原因”既包括维持单个金融机构的安全、稳健、完整及财务责任，也包括维持支付系统和清算系统的安全以及财务和运营。同时，金融适用特殊争端解决程序，即投资者可援引P2G国际仲裁寻求救济。上述规定可能涉及国家的金融体系和金融安全问题。

征收补偿。2012年范本指出：征收包括直接征收和间接征收；补偿标准为“赫尔公式”，即充分、及时、有效。在实践中，有关征收的补偿标准仍然存在争议。

税收。2012年范本要求：东道国政府不得以具备某项业绩作为提供税收优惠待遇的条件（业绩要求）。目前，将税收与业绩要求条款挂钩的影响尚未确定。

最低待遇标准。2012年范本要求：外国投资者的待遇不低于根据“习惯国际法”应给予外国人的最低标准，包括公平公正待遇以及充分保护和安全。问题在于界定“习惯国际法”本身就十分困难和复杂，如果将其写入投资协定，可能导致权利义务的不确定性。

透明度。2012年范本要求缔约方定期就如何改进透明度、有关投资的法律和决定的公布、仲裁程序的透明度的实践进行磋商。该范本对于投资法规的发布作出了严格的要求：对于缔约方拟公布的法规，必须在一个单独的全国发行的官方刊物进行公布；在公布中应当包含关于拟议法规制定目的和依据的说明；在公布前留有不少于60日的公众评论期限；且在最终通过法规时，应当对评论期间收到的重大、实质评论进行处理，并就实质修改进行说明。该范本要求缔约方允许另一缔约方的个人参与标准制定，缔约方应当在其中央政府机构标准或技术法规的制定过程中允许另一缔约方的个人参与，缔约方应建议其领土内的非政府标准机构允许另一缔约方的个人参与制定标准的过程。

投资授权。2012年范本要求：经东道国政府审批后，外国投资者因而获得在东道国从事经营活动的授权。在实行外资审批制的国家，外资审批行为可能构成“投资授权”，一旦违反协定义务将可能被诉诸国际仲裁。

政治分支机构。2012年范本要求：缔约方的义务应适用于缔约方的立法、行政、司法等“政治分支机构”。这一规定可能会拓宽投资协定的适用范围及影响。

P2G争端解决。2012年范本要求：采用P2G争端解决机制，并且投资者可依据《解决一国和他国国民之间投资争端国际公约》(《ICSID公约》)或《纽约公约》执行仲裁裁决。这对东道国国内的司法体制可能会造成威胁。

2012年范本表达了美国在签订双边投资协定中明确的利益诉求。美国在BIT谈判中采取“全有全无”的态度，即要么全盘接收、要么全部放弃，在核心利益上绝不让步。2012年，美国同时在与欧盟达成的《美国—欧盟关于国际投资共同原则的声明》中表达了美国投资政策的核心目标，即全面的国民待遇、公平竞争、外汇自由转移、业绩要求禁止、高管非国籍歧视和投资者—国家(P2G)争端解决。这些原则体现了美欧共同的核心价值观，以及将其转化成国际标准的意图。应当看到，国际高标准已经成为当前国际投资规则谈判追求的新方向。

美国BIT规则只是美国在双边谈判中的基本规则，我国是否接受？接受什么条款？我国参与国际贸易投资新规则的制定，就是要根据我国经济发展的阶段，特别是企业总体的发展要求，先锋企业的基本需求，提出与现有经济发展阶段相适应的国际贸易投资规则。

(3) 最开放自贸试验区的标准

自贸试验区应该包含两个方面的含义，一是自由贸易区(Free Trade Zone),二是国家改革开放的试验区。我国要建设的自由贸易试验区不仅要建设成国内贸易自由化和便利化程度最高的自由贸易区，而且要成为外商投资制度改革和服务业开放的试验田。

A. 自贸试验区作为自由贸易区

自由贸易区有不同的概念，出口加工区（EPZs）、特殊经济区（SPZs）、自由港、自由工业园区等。国际劳工组织使用的自由贸易区数据是出口加工区，联合国贸易和发展会议使用了自由贸易区概念。

表 2-3　世界各种类型的自由贸易区

1	自由贸易区	11	经济特区
2	对外贸易区	12	保税区
3	自由工业区	13	免税贸易区
4	免税区	14	投资促进区
5	边境加工厂	15	自由经济区
6	出口免税区	16	自由出口区
7	出口加工免税区	17	自由出口加工区
8	出口加工免税区	18	特惠出口区
9	生产免税区	19	工业出口加工区
10	出口加工区		

资料来源：Shavin Malhotra（2007），Free Trade Zones：Characteristics and Tenant Behaviour，https：//curve.carleton.ca/system/files/theses/27782.pdf，p.29。

在中国（上海）自由贸易试验区成立以前，我国将这些区域称为海关特殊监管区，主要包括保税区、保税物流园区、出口加工区、保税港区和综合保税区五种类型。

国际劳工组织、世界银行和世界加工区协会对自由贸易区的定义是："一个拥有区域外无法获得货物自由的监督管理制度和/或者税收和其他的激励措施，试图创造一个相对无障碍的环境，促进所在国家的进口、出口，并为区外制造业发展提供中间品服务。"①这说明自由贸易区的基本特点，一是自由贸易区相对区域外是一个特殊的货物贸易监管制度；二是自由贸易区域内关税免税和其他税收激励措施；三是其目的是促进一国货物贸易的成长，并为一国的实体经济提供服务。

表2-4是各国（地区）设立的自由贸易区在区位选址、法律、税收优惠和行政管理方面的比较。在自由贸易区的位置选择中，除了中国香港外，各国（地区）都主要在港口或机场附近设立自由贸易区，所以这些自由贸易区都与货物有关，不仅仅是货物的进出口，还包括货物的国际中转，因而基本都是国际交通枢纽中心。在法律方面，许多自由贸易区制定了专门的自由贸易区法案。在税收优惠方面，一般海关关税都采用免税政策，而国内税都采用优惠政策。在行政管理方面，普

---

① Shavin Malhotra (2007), Free Trade Zones: Characteristics and Tenant Behaviour, https://curve.carleton.ca/system/files/theses/27782.pdf.

表 2-4　各国(地区)自由贸易区比较

	位　　置	法　　律	税收优惠	行政管理
中国香港	所有区域	基本法	没有增值税；没有关税；只有营业税。	按原产国采用风险管理和海关分类查验。 采用电子数据交换系统 24 小时提供海关服务。
新加坡	港口 / 航空站内	《自由贸易区法》	没有关税或者海关许可；没有商品及服务税；没有消费税；主要出口商计划。	贸易网提供 24 小时服务和清关，自贸区无须清关。
日本	冲绳，临近港口	《冲绳振兴特别措施法》	降低公司税收。	简化土地批准程序。
韩国	港口 / 航空站内	《韩国自由经济区法》和《综合投资计划》	降低公司税；降低个人所得税，以及减免外国工程师五年个人所得税。	无
菲律宾	临近港口 / 航空站的独立管制区	《经济特区法》	免除地方和国家税；东盟成员国可获得优惠关税；进入美国等发达国家市场的优惠。	一站式登记服务中心。
荷兰	配送中心与国家允许的区域	国家法律规定	没有关税；没有增值税；所得税基于经营活动水平计算。	电子数据交换系统提供 24 小时服务；不同类型的保税仓库：E 型、C 型等。

（续表）

	位　　置	法　　律	税收优惠	行政管理
美国	临近港口/机场	《对外贸易区法》	关税：关税、关税减免和从价税可以延期、取消；所得税：大多数州免除所有自贸区商品的库存税。	所有货物必须完成表格的填写，必须获得港务局的许可；提前30天获得直接交货许可；仓储没有时间限制。
中国台湾	临近港口/航空站的一个地区	《自由贸易区法》	免除关税、商品税、烟草酒类税、烟草健康和福利附加费、贸易促进服务费、港务费；自贸区内服务销售的营业税零税率；国内采购营业税零税率；自贸区外根据外国客户的指示运输和储存货物以及获得外汇的运营商品营业税零税率。	货物、商业和人员的流动为“境内关外”模式，单一窗口行政服务。

资料来源：Cheng-Min Feng(2008)， Creating Value-driven Port Logistics in Free Trade Zones，by，at International Forum on Shipping，Ports and Airports， http://www.icms.polyu.edu.hk/ifspa2008/presentation/Y302/Parallel%20Session%204/Cheng-Min%20Feng.pdf。

遍采用电子手段，高效管理。

英国《金融时报》FDI 杂志收集了 120 个国家的 600 多个自由贸易区的资料，主要包括激励机制、设施、成本效益、运输和最佳外国直接投资促进机制五个方面。2013 年共有 56 个自由贸易区提交了这方面的资料，独立评审团根据这些资料进行评定和打分，形成世界自由贸易区的排名（见表 2-5）。排在第一的是迪拜国际机场自由区，上海外高桥自由贸易区排在第三。

表 2-5　2012—2013 年度世界自由贸易区排名

排名	区域名称	国　　家
1	迪拜国际机场自由区	阿联酋
2	迪拜国际金融中心	阿联酋
3	上海外高桥自由贸易区	中　国
4	依斯干达	马来西亚
5	迪拜生物科技研究园	阿联酋
6	丹吉尔免税区	摩洛哥
7	文茨皮尔斯自由港	拉脱维亚
8	克拉克自由港	菲律宾
9	吉大港出口加工区	孟加拉国
10	迪拜媒体城	阿联酋

资料来源：《未来的全球自由贸易区（2012—2013）》，http://www.fdi-intelligence.com/。

需要指出的是，FDI 杂志的排名因素主要是与自由贸易区有关的规模、设施、成本、营销策略等因素，因而不能作为自由贸易区贸易自由化和便利化的依据。

从自由贸易区的贸易自由化和贸易便利化指标看，世界经济论坛推出的“促进全球贸易报告”中的促进贸易指数和世界银行营商报告中的跨境贸易指标最能够反映一国(地区)的贸易自由化和便利化状态。

“促进全球贸易报告”提出了推动贸易发展的四个要素，包括市场准入、边境管理效率与透明度、基础设施和商业环境四个方面。其中市场准入分为国际市场准入和国内市场准入两个方面，基础设施包括交通基础设施的质量和可用性、运输服务质量和可用性以及信息与通讯技术的使用和可用性。从国家(地区)的比较看，新加坡和中国香港一直以来保持在贸易促进指数的第一或第二位，而中国在第 54 位。因为是一个大国，所以与新加坡或者中国香港不具有可比性，但是可以与美国相比，美国反映边境管理效率与透明度的指标排名在第 21 位，而中国为第 48 位，运输及电信基础设施分指数第 8 位，中国为 36 位。

贸易促进指数是反映国家(地区)货物贸易自由化和贸易便利化的指标，而不能反映自由贸易试验区的发展情况，自由贸易试验区在贸易自由化和便利化方面可以同两种类型的自贸区

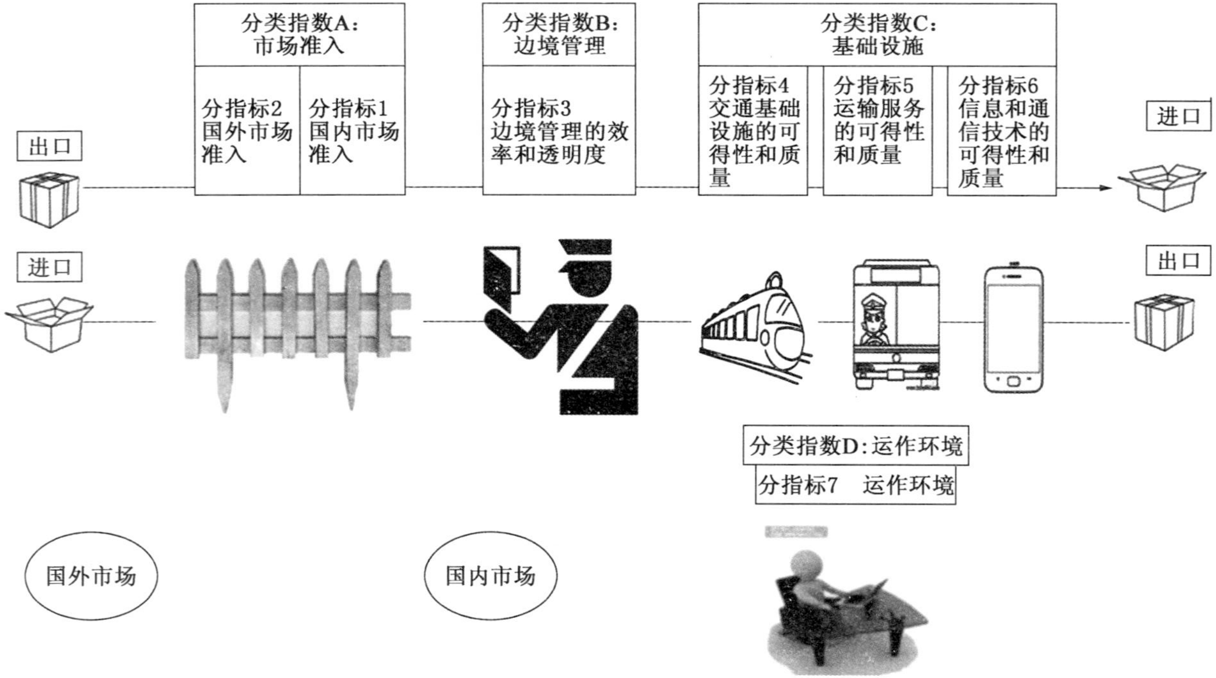

图 2-1　促进贸易指数框架

资料来源：Margareta Drzeniek Hanouz，Thierry Geiger，Sean Doherty(2014)，The Global Enabling Trade Report 2014，p. 6；http：//www3. weforum. org /docs /WEF _ GlobalEnablingTrade _ Report _ 2014. pdf，pp.10—15.

表 2-6 促进贸易指数比较(2014 年)

指数 / 国家（地区）	总指数	市场准入			边境管理分指数	基础设施				运行环境分指数
		市场准入分指数	境外市场准入	境内市场准入		运输及电信基础设施分指数	供货情况与运输服务质量	供货情况与信息通讯技术使用	供货情况与交通基础设施质量	
新加坡	5.9(1)	5.5(2)	3.9(13)	7.0(3)	6.3(1)	6.1(1)	5.7(1)	6.2(8)	6.5(2)	5.8(2)
中国香港	5.5(2)	4.1(37)	1.2(135)	7.0(1)	5.8(11)	6.0(2)	5.7(5)	6.0(11)	6.5(3)	5.8(1)
智利	5.1(8)	5.5(1)	5.1(2)	5.9(9)	5.6(26)	4.4(44)	4.6(43)	5.0(36)	3.5(64)	5.0(25)
美国	5.0(15)	3.5(70)	1.7(128)	5.3(27)	5.7(21)	5.8(8)	5.5(11)	5.9(13)	6.0(8)	5.0(24)
中国台湾	4.9(24)	3.0(121)	1.1(137)	5.0(40)	5.7(18)	5.5(15)	5.5(12)	5.7(19)	5.4(13)	5.2(18)
韩国	4.7(30)	3.1(120)	2.0(93)	4.1(104)	19(5.7)	5.8(7)	5.4(18)	6.4(6)	5.7(11)	4.3(55)
中国	4.3(54)	3.1(119)	1.9(125)	4.2(98)	48(4.9)	4.6(36)	4.8(31)	3.7(82)	5.1(16)	4.6(37)

注：括号内的数据是排名数。

资料来源：Margareta Drzeniek Hanouz，Thierry Geiger，Sean Doherty(2014)， The Global Enabling Trade Report 2014； http：//www3.weforum.org/docs/WEF_GlobalEnablingTrade_Report_2014.pdf， pp.10—15.

进行比较，一是将整个关境区作为自由贸易区的类型，二是关境区内的一小部分作为自贸区的类型。

对标一：香港类型的自由贸易区。香港将整个关境区作为自由贸易区，这样其自由贸易区的表现为整个关境的营商环境，而贸易自由化只是其中的一部分。最全面反映一关境区内的营商环境指标是世界银行每年发布的《全球营商环境报告》(Doing Business Report)，世界银行对世界100多个经济体的投资环境和监管环境进行评估。《全球营商环境报告》的评价框架从企业微观层面出发，将企业投资经营过程分为企业设立、获得场所、获得融资、日常运营及出现问题五个阶段，共包括开办企业、办理施工许可、获得电力、登记财产、获得信贷、保护投资者、缴纳税款、跨境贸易、执行合同、办理破产10项投资贸易便利化一级指标。由于我国自贸试验区刚刚开始，我们提供中国香港和内地的营商环境指标就可以看到其差距。从总体上看，中国香港在189个经济体中排名第3，而内地在第90名。从分项指标看，比较大的指标表现在开办企业、申请建筑许可、获得电力供应、投资者保护和缴纳税款等五个二级指标，以申请建筑许可为例，世界银行的营商环境报告中，中国在办理施工许可方面的平均时间为244.3天，产业项目行政审批程序不仅冗长，而且审批成本很高，主要体现为涉及产业项目的许多评审大都是政府指定的中介机构，存在着一定的政府垄断倾向。特别是地方政府为了追求GDP指标，在项目审批时往往会降低标准，造成低层次项目建设重复、环境污染等问题。同时对于企业而言，由于产业项目审批成本高，因而经常采用违章建筑等方式逃避政府审批和监管。

表2-7　中国大陆与中国香港营商环境比较

二级指标＼国别(地区)	中国大陆	中国香港
开办企业	128	8
申请建筑许可	179	1
获得电力供应	124	13
注册财产	37	96
获得信贷	71	23
投资者保护	132	2
缴纳税款	120	4
跨境贸易	98	2
合同执行	35	6
办理破产	53	25
总　　计	90	3

资料来源：Source：Doing Business 2015，Going Beyond Efficiency，http：//www.doingbusiness.org/reports/global-reports/doing-business-201.

自贸试验区营商环境的改善，就是要根据营商环境中的具体指标，以市场在资源配置中起决定性作用作为营商环境的基本取向，改变市场准入的行政审批制度、优化产业项目流程和强化事中事后监管制度。

将审批制度改变为登记制度。列出国家限制不同类型企业进入的产业或者领域，修改相关的法律、法规，实行企业市场准入商事登记制度。第一，扩大企业登记时的经营范围。凡是没有限制的产业或者领域，都可以成为企业商事登记中的经营范围；第二，以自贸试验区作为政府主体，形成一个政府信息系统平台，明确项目的执行主体。新申请登记企业只能生存一个组织代码，老企业逐步将多个组织代码转变为一个登记代码。第三，大幅度取消服务项目的行政许可制度。保留涉及国家安全、公共健康等方面的行政许可。

优化产业项目流程。在严格执行产业项目环境等标准的基础上优化流程。第一，实施区域评估评审。在工业用地前期储备开发、编制产业区块控详规划及相关专业规划的基础上，对交通影响评价、环境影响评价、雷电灾害风险评估、水资源论证、地震灾害危险性评估、地震安全性评价、水土保持方案等，实施区域评估评审。除重要建设项目外，其他建设项目不再单独进行评估评审。申请人可根据建设项目所在产业区块的分区评估评审文件内容，落实有关措施，并在项目报批时不再进行评估评审，以分区评估评审文件或告知承诺书等作为该项目的申请材料，进入相关行政审批流程。第二，简化审图环节的操作程序。试行企业市场化选择审图公司的工作措施，取消审图过程中通过审图中心电子信息平台抽选审图公司的环节，具体由企业根据资质认定的审图公司目录名单，结合企业自身需求自主选择审图公司，缩短审图环节时间，提高审图公司的服务水平。第三，竣工阶段验收从串联审批到同步审批。在项目建设的竣工验收阶段，改变现行各个部门逐个验收的串联模式，由区(县)行政服务中心牵头，召集规土局、建交委、环保局、卫生局、民防办、绿化市容局、公安消防、气象局、安监局等部门，对项目建设的竣工验收进行同步审批，大幅缩短竣工验收所需时间。第四，环保审批公示程序归并简化。在产业项目设计方案阶段的项目环境影响报告书、报告表审批公示环节，将现行的受理公示和拟审批公示两个环节归并。同时，在竣工验收阶段，针对外商投资的产业建设项目，在确保项目建设内容不发生变化的前提下，将“试生产(试运行)审批意见、环境保护设施竣工验收审批意见”审批环节后置，使项目先行进行土建验收。

加强事中事后监管。第一，强调自贸试验区是事中事后监管的责任主体，以自贸试验区为主体建立事中事后监管的单一信息系统平台。第二，建立一套事中事后监管体系。首先，建立企业行为自评制度。在企业年度报告公示制度改革的基础上，要求企业对自身经营活动涉及的行为规范和社会责任进行信息披露，在职业健康、安全保护、产品质量、产品责任、职员培训以及环境、纳税、用工等各个领域的信息进行自评，将企业年度报告公示信息和企业自评信息作为联合监管的重要依据。其次，建立举报人制度。借鉴欧美国家对企业诚信管理的经验，建立举报人制度，举报人制度包括保护举报人的人身安全制度、保密制度和奖励制度等。最后，建立企业“黑名单”惩罚管理制度。包括纳入“黑名单”的行为分类和“黑名单”的惩罚措施。第三，构建事中事后联合监管制度。政府部门根据企业自评内容进行比照，对企业的经营活动进行抽查。对不同企业进行分类监管，对于无不良信用记录的诚信企业减少抽查频率；对于非诚信企业进行高频率重点抽查。

对标二：美国类型的自由贸易区。与香港全境作为自由贸易区有所不同，美国类型的自由贸易区只是将国内部分特定区域划出作为特殊监管区域。由于拥有广阔的国内市场作为腹地，因此，美国类型自由贸易区的定位更强调连接和服务于国内、国外两个市场，其较高的开放度主要体现为通过自由贸易区货物状态的分类监管，促进货物(包括中间商和最终品)在国内外不同关境区间的快速、高效流动。相对而言，美国类型的自由贸易区监管有着更为复杂的使命，即在保证安全监管、正常征税的基础上，最大限度地促进货物贸易的便利化。

美国的自由贸易区(也称为“对外贸易区”①)高度发达，2013年美国自由贸易区的产值达到8 358亿美元，是1993年的8倍多(当年为1 040亿美元)；2013年美国正常运行的自由贸易区数量为257个，平均每个州有4—5个；与发展中国家的自由贸易区显著不同的是，美国自由贸易区内的货物去向主要是国内，2013年自贸区出口额为790亿美元，不到其产值的十分之一；从进口来看，自贸区从国外进口的货物价值约300亿美元，占全部产值的比重为35%(图2-2所示)。上海自贸试验区的发展趋势与美国类型自由贸易区相吻合，2013年上海自贸试验区出口295亿美元，产品销售收入却高达12 373亿元(约合1 998亿美元)，这表明上海自贸试验区也具有较强的服务国内市场的功能。

作为大国模式下的自由贸易区，美国类型自由贸易区的高开放度主要体现为货物状态分类监管、主分区灵活设置、多主体一体化监管(企业自律、海关事后审计核查和自贸区经营者

① 1934年美国国会投票通过了《对外贸易区法案(Foreign Trade Zone Act)》，由于受当时贸易保护主义的阻力，法案中采用“Foreign Trade Zone”而没有采用广为接受的“Free Trade Zone”的叫法，后来一直沿袭至今。

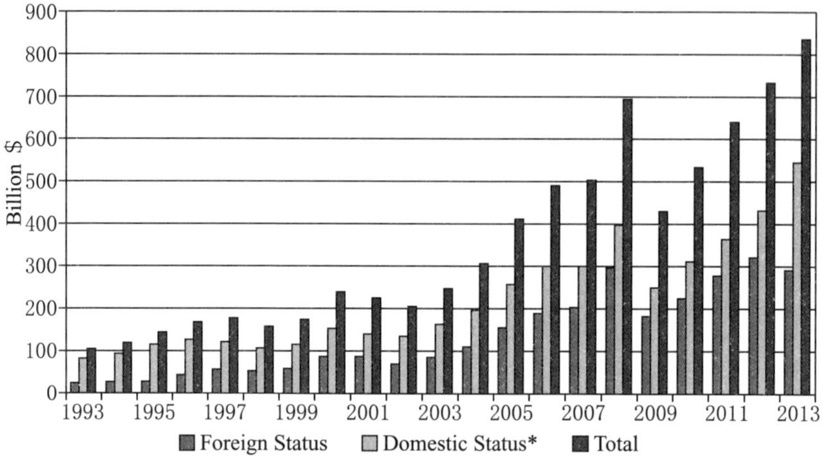

图 2-2 美国自由贸易区内货物来源价值构成

共同参与监管)、富有吸引力的税收减免政策、便利化的周通关政策等。上海自贸试验区可以围绕这几个方面进行对标、经验学习和借鉴。

第一，货物状态分类监管。货物状态分类监管是美国自由贸易区货物监管的核心，允许不同状态货物在自由贸易区内共存，根据货物的不同来源和不同去向，认定为四种货物状态，分别是：国内货物地位、自由贸易区受限地位、特惠外国地位、非特惠外国地位等，企业可以根据自身需要进行货物地位的申请，海关认定后，将根据相应法律法规对货物征税(或免税)和监管。货物状态分类监管的优势在于，生产和销售全球化的背景下，满足了不同类型企业商业模式多样化的需求，降低了企业的物流成本和监管成本，极大促进了自由贸易区的货物贸易便利化；与此同时，海关也保证了货物的安全、有效监管以及税收的缴纳。相比之下，虽然“探索建立货物状态分类监管模式”写入了上海自贸试验区的《总体方案》，但是目前尚处于起步阶段，可以借鉴美国的相关经验。

第二，主分区灵活设置。允许设立自由贸易区分区是美国自贸区的一个特色，分区被允许设立的初衷是，对于制造型企业而言，在地理位置远离的自由贸易区设立新的工厂设施、招募新的工人等成本高昂，为降低这些企业的成本，允许在自由贸易区主区的其他地方设立分区，这些分区通常为特定的产业或企业而设立。自由贸易区主区的设立一般都严格规定只能设在港口附近，但是分区的设立没有这个要求。分区设立只要满足以下三个要求即可：该地可以使海关进行现场和电子化监管；该地所有货物移动的电子通关记录都符合海关电子监管系统的要求；分区经营者同意将货物移交到海关选择的地址进行现场检验，并且同意将所有必要的文件直接递交给海关核查。自贸区分区的设置，促进了企业在自由贸易区开展业务的热情，目前美国自由贸易区分区的产值大大超过主区，分区产值占比达到75%以上。相对而言，上海自贸试验区虽然对特定区域有保税延展功能，但是区域范围很小，所延伸的功能也极为有限，当前不允许设立分区。

第三，多主体一体化监管。美国自由贸易区的高效率监管主要通过电子化综合监管模式来实现。这种监管模式，是强调在企业自律的基础上，自由贸易区的经营者一定程度上承担了区内货物的生产、经营行为的具体监管，而海关则主要采用电子化审计核查的方式进行事后监管。海关要求自由贸易区的经营者能够将企业在区内的行为进行电子化记录保存，从而海关不再需要派员进驻自由贸易区，虽然海关也偶尔进行现场监管，但最主要的监管方式还是通过电子化审计核查方式进行，改变了以前逐单逐票的监管方式。未来，自贸试验区可以借鉴和学习美国自由贸易区的经验，引进更多的监管主体，采用电子化审计核查监管模式进一步提高监管效率。

第四，富有吸引力的税收减免政策。这主要包括：反转关税(Inverted Tariff)，即当制成品关税税率大于原材料或中间品的关税税率时，在自贸区内的加工成品可以选择低的税率征收；延缓纳税(Duty Deferral)，进口货物进入到自由贸易区不用缴纳关税，只有等到该货物从自贸区转入关境区域时才缴纳；出口税收免除(Duty Exemption on Exports)，对于从自贸区出口的货物或者在自贸区内已损毁的货物免缴任何税收；税收返还免除(Duty Drawback Elimination)，税收返还主要针对

表 2-8　上海自贸试验区与美国自由贸易区的对标

序号	监管政策	对标：美国自由贸易区的经验	上海自贸试验区现行做法
1	货物状态分类监管	允许不同状态货物在自由贸易区内共存，根据货物的不同来源和不同去向，认定为四种货物状态，分别是：国内货物地位、自由贸易区受限地位、特惠外国地位、非特惠外国地位等，根据货物状态分类监管	货物状态分类监管模式正在构建，尚未成型
2	主分区灵活设置	只要满足相应的条件，就可以允许在其他区域（甚至是远离港口的区域）设立分区，分区内的企业同样享受自由贸易区的相关政策	不允许设立分区，只有保税延展功能
3	多主体一体化监管	强调在企业自律的基础上，自由贸易区的经营者一定程度上承担了区内货物的生产、经营行为的具体监管，海关以电子化审计核查为主，现场监管为辅，改变了逐单逐票的监管方式	主要由海关监管
4	富有吸引力的税收减免政策	反转关税、延缓纳税、出口税收免除、税收返还免除、增值税节省等	延缓纳税等
5	便利化的周通关政策	进口商可以在一周某个时间进行海关集中申报，而不必每笔货物进行报关	集中报关政策

注：根据“The Code of Federal Regulations at Title 15，Part 400(15 C.F.R. Part 400)”，and “the Regulations of U.S. Customs and Border Protection Concerning Zones at Title 19，Part 146(19 C.F.R. Part 146)”整理。

已缴纳税收的进口商品之后又复出口的货物，由于自贸区内不对进口商品征税，所以不涉及税收返还的问题；增值税节省(Tax Savings)，储存在自贸区的货物以及从自贸区出口的货物，不用缴纳国家和地方性的增值税。

第五，便利化的周通关政策。为节省通关时间，减少报关成本，美国自由贸易区实行周通关政策，即进口商可以在一周某个时间进行海关集中申报，而不必每笔货物进行报关，根据美国国家自贸区协会(NAFTZ)估算，通关自贸区进口额占全美的10%，但是自贸区的报关单据的数量仅占1%不到，这说明自贸区的周报关制度大大降低了企业的通关成本。以一个在美国有10个保税仓库，每周处理几百笔货物进出口的企业为例，周报关制度使得企业的报关成本从200万美元每年下降到25 000美元每年。①

B. 自贸试验区作为改革开放试验区

自贸试验区作为我国改革开放的试验田，主要包括货物贸易、服务贸易和国际投资的自由化，由于自由贸易试验区主要包括特殊监督区和非特殊监管区两个片区，因而开放的主要重心是服务部门的开放和国际投资自由化，而投资自由化不仅包括市场准入环节，还包括市场准入后环节，因而我们采用国际

① Mary Jane Bolle, Brock R.Williams. U.S. Foreign-Trade Zones: Background and Issues for Congress, page 12.

投资开放度和服务贸易自由化程度两个指标进行对标。

对标指标一：外国直接投资监管限制性指数。衡量国际投资的开放度，我们采用经济合作和发展组织(OECD)的外国直接投资监管限制性指数(不包括国有制)指标，外国直接投资监管限制性指数是企业设立和运营方面歧视外国投资者的法律限制，最高为1，最低为0，0说明对外国投资者不设任何限制措施。指数测量的国家是所有经合组织国家和二十国集团(G20)国家，共计58个国家，从1997年开始测算。

我们对1997年和2013年的外国直接投资监管限制性指数进行比较，无论是中国，还是经合组织成员国，甚至是美国，都保留着投资限制措施。但是，在58个国家中，中国是外国直接投资监管限制性指数最高的国家，1997年为0.626，2013年为0.418，甚至高于印度等处于同一发展阶段的国家。从行业角度看，服务业的外国直接投资监管限制性指数还是比较高的，超过了外国直接投资监管限制性指数的平均指数。

表2-9 部分OECD和G20国家外国直接投资监管限制性指数

国家＼部门	1997年	2013年	农业和采矿业		制造业		服务业	
			1997年	2013年	1997年	2013年	1997年	2013年
中　国	0.626	0.418	0.675	0.456	0.427	0.294	0.736	0.484
德　国	0.03	0.023	0.069	0.069	0	0	0.034	0.022
法　国	0.055	0.045	0.155	0.15	0	0	0.053	0.033

（续表）

国家＼部门	1997 年	2013 年	农业和采矿业		制造业		服务业	
			1997 年	2013 年	1997 年	2013 年	1997 年	2013 年
日　本	0.079	0.052	0.069	0.069	0.005	0.005	0.13	0.077
韩　国	0.532	0.135	0.625	0.25	0.345	0.06	0.617	0.141
墨西哥	0.287	0.193	0.319	0.319	0.129	0.102	0.377	0.206
美　国	0.089	0.089	0.181	0.181	0.028	0.028	0.094	0.094
OECD 平均	0.127	0.068	0.147	0.098	0.067	0.034	0.167	0.085
阿根廷	0.013	0.038	0	0.075	0	0	0.027	0.049
巴　西	0.121	0.101	0.123	0.188	0.025	0.025	0.182	0.118
印　度	0.484	0.264	0.513	0.405	0.227	0.064	0.638	0.34
马来西亚	0.51	0.212	0.33	0.245	0.431	0.107	0.625	0.266
俄罗斯	0.338	0.181	0.344	0.157	0.238	0.079	0.4	0.255
南　非	0.103	0.055	0.06	0.01	0.06	0.01	0.146	0.101

资料来源：http：//www.oecd.org/investment/fdiindex.htm。

但服务业内部外国直接投资监管限制性指数差异很大，分销、零售和批发的外国直接投资监管限制性指数相对比较低，但是在金融服务、电信服务和媒体服务领域，中国的外国直接投资监管限制性指数相当高。“虽然外商直接投资的流入继续增加，但是上述限制开始产生消极影响并有逐渐恶化的趋势。”[①]当然，外国直接投资监管限制性指数降低要以一国外商管理制度体系（国家安全、反垄断、事中事后监管等）完善为前提。

从中国（上海）自由贸易试验区先期在外商投资制度领域的试点看，只是在企业设立阶段的外商投资制度改革，因而对外国直接投资监管限制性指数影响是有限的。

对标指标二：服务贸易自由化程度。衡量服务贸易自由化程度，目前国际上有三种服务贸易自由化测量方法，即频度测量法、价差测量法和数量测量法。频度测量法是 Hoekman（1995）根据各成员方在《服务贸易总协定》减让表中的承诺（国民待遇和市场准入）程度划分无限制、不做承诺和有保留的承诺三个档次，并将这些承诺分别赋值为 1、0、0.5，计算出三个指标。第一个指标是用各成员方的承诺数与最大承诺数对比衡量成员方的开放度；第二个指标是将赋值加权后最大承诺数的比值说明成员方壁垒的平均覆盖率；第三个指标是用来说明各成员方在承诺中完全开放比例是多少，该指标用“无限制”承诺与各成员方以及 155 个部门承诺的比率来表示。这些指标与各服务部门的贸易自由化成反向关系，比率越高则壁

① OECD(2012)：《聚焦中国：经验与挑战》，第 58 页，http://www.oecdchina.org/OECDpdf/china_in%20_focus/chap4.pdf。

垒越低，自由化程度就越高。[①]世界银行对 Hoekman（1995 年）方法进行改进，形成服务贸易限制指数法，由澳大利亚生产委员会的研究人员提出。这种方法是将不同的服务部门，根据各部门的特征列明其壁垒的类别，并拟订好壁垒测度模版，对每个类别的限制进行打分，最后用给定的权重计算出贸易限制指数的值。第二种方法是价差测量法。如果市场没有壁垒限制进入，在充分竞争的环境下，价格将在长期内与边际成本相反，如果有壁垒限制进入，价差将扩大，例如银行的存贷款利率差。价差测量法使用的前提是市场经济条件下自由竞争较强的国家，一般情况下对于竞争性不强的国家来说，该方法计算出来的误差较大，而且这种方法无法确切地知道各国存在着什么具体的壁垒，特别是对政策具体情况并不明晰。第三种方法是数量测量法，这种方法来源于国际贸易标准模型的基本思想，是根据特定的服务贸易产品模型和相关贸易理论来确定因变量和自变量，通过回归拟合估计出各种虚拟变量之间的差异，用实际值和估计值得到差额，建立模型，将市场价格变化百分比用特定的价格弹性推导出，从而得到最终的等效关税，来测量服务贸易壁垒。这种方法的缺点是若在模型不准确的情况下，将估测值与实际值的差额解释为对服务贸易壁垒的影

① Hoekman B.，"Regional and Multilateral Liberalization of Service Markets：Complements or Substitutes"，*Journal of Common Market Studies*，1994，32(3)：283—318.

响将引起很大误差。

我们采用经济合作与发展组织的服务贸易限制指数(STRI)来比较我国与主要国家的服务贸易自由化程度。STRI监管透明性、竞争障碍、其他歧视性措施、对人员流动的限制和对外资准入的限制等五个维度进行考察，从具体部门的服务贸易限制性指数(STRI)看，中国所有行业的服务贸易限制性指数(STRI)都高于世界平均，而且在金融、电信和专业服务等领域的服务贸易限制性指数高于中国平均服务贸易限制性指数。

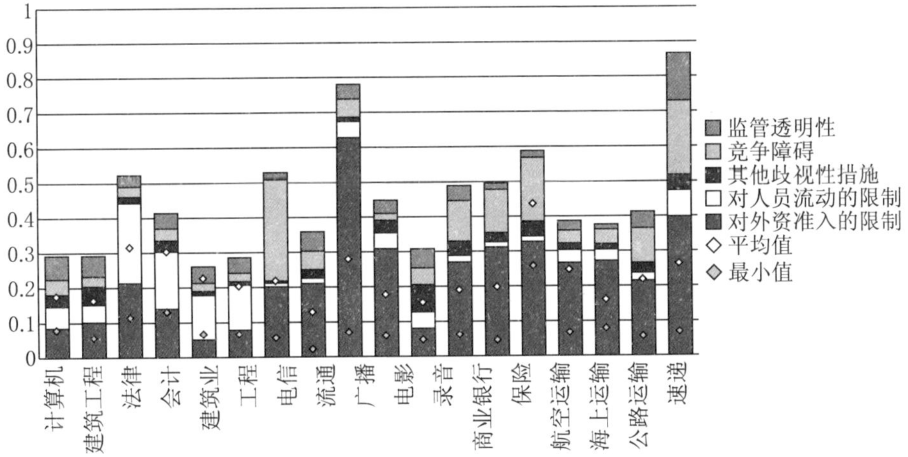

图 2-3　中国各领域服务贸易限制指数及其与平均值和最小值的比重

资料来源：经济合作与发展组织(2014)：经合组织服务贸易限制性指数：中华人民共和国，第 1 页，http://www.oecd.org/china/STRI_CHN_ZH.pdf。

附录1 英国《金融时报》FDI杂志自由贸易区排名评估表

1. 一般信息

● 总规模

● 可供开发的总土地面积

● 在过去两年里扩展的土地面积；和/或在未来两年内的扩展计划

● 可用的总办公空间

● 总就业人数

● 在过去两年内增加的就业人数

● 在开发区经营企业数量

● 加工区加工的总商品量

● 在过去两年内加工商品的增加总量

● 在该区域扩张业务的投资公司比例

● 在区内设立公司的所有限制

2. 激励机制

● 提供的激励类型

● 包括资格要求在内的激励说明

● 协助投资者的行政服务

3. 设施

● 由区域支持的重要经济和工业部门

● 仓库设施、工业设备、物流和可用的办公空间

● 帮助投资者的设施

4. 成本

● 工业设施、仓储用房、办公用房、未开发土地、公寓和其他(每平方米)的年平均租金成本

● 每单位水的成本(每立方米)、电力成本(每千瓦/小时)和天然气的平均成本费用(每立方米)

● 非熟练的劳动工人、半熟练工人和高技能工人的年平均工资

5. 交通运输

● 区域内机场、港口、主要高速公路、铁路或其他的存在

● 附近区域内机场、港口、大型高速公路、铁路或其他的存在

● 计划中的主要基础设施项目的说明

6. 促销策略

● 网站

● 为创造利益所进行的数字/网络推广活动

● 开展的其他市场营销、通信或促销活动

● 用于识别潜在的投资者的方法，以及接近和参与其中的战略

● 该区域的营销口号/其吸引力的简短概述

● 区域首席执行官、董事或总裁对他或她全面实现区域外国直接投资潜力的远景的陈述

7. 服务

● 咨询服务区

● 区域内公司提供的服务描述

● 电信和技术基础设施

● 现场灾难

恢复服务

● 网速

● 提供的劳动力资源以及其中可以说一种以上的语言的劳动力百分比

● 办公空间的可用性

● 计划中的主要项目

一组额外的信息是根据其设施和生产力由机场和港口区寻找到的

资料来源：《未来的全球自由贸易区（2012—2013）》，http://www.fdi.intelligence.com/。

附录 2 中国大陆与中国香港营商环境比较

一级指标	二级指标	中国大陆	中国香港
开办企业	程序(个)	11	3
	时间(天)	31.4	2.5
	成本(占人均国民收入的百分比)	0.9	1.4
	实缴资本下限(占人均国民收入的百分比)	0	0
申请建筑许可	程序(个)	22	5
	时间(天)	244.3	66
	成本(人均收入的百分比)	7.6	0.4
获得电力供应	程序(个)	5.5	4
	时间(天)	143.2	38
	成本(占人均国民收入的百分比)	459.4	1.4
注册财产	程序(个)	4	5
	时间(天)	19.5	35.5
	成本(财产价值的%)	3.6	7.7
获得信贷	合法权利指数	4	7
	信用信息指数	6	7
	信用当局覆盖(%成年人)	0	96.1
	信用登记范围(%成年人)	33.2	0.0
	利益冲突监管程度指数	5.0	9.0
	股东治理程度指数	4.0	7.2
	中小投资者保护指数	4.5	8.1

（续表）

一级指标	二级指标	中国大陆	中国香港
缴纳税款	支付数量（每年）	7	3
	时间（小时/年）	261	78
	总税率（利润的%）	64.6	22.8
跨境贸易	出口文件（数）	8	3
	出口时间（天）	21	6
	出口成本（美金/箱）	823	590
	进口文件（数）	5	3
	进口时间（天）	24	5
	进口成本（美元/箱）	800	565
合同执行	时间（天）	452.8	26
	成本（标的额的百分比）	16.2	360
	程序（个）	37	21.2
办理破产	时间（年）	1.7	0.8
	成本（人均收入的%）	22	5
	回收率（每美元美分数）	36.0	87.2

资料来源：Doing Business 2015，Going Beyond Efficiency，http://www.doingbusiness.org/reports/global-reports/doing-business-201。

附录3 服务贸易限制指数(STRI)2014年

部 门	会计	建筑工程	工程	法律	电影	广播	录音资料	电信	航空运输	海上运输	公路运输	铁路运输	邮政	分销	商业银行业务	保险	计算机	建筑
澳大利亚	0.135	0.157	0.081	0.114	0.099	0.182	0.086	0.189	0.258	0.233	0.106	0.2	0.309	0.08	0.139	0.134	0.113	0.157
奥地利	0.376	0.315	0.318	0.444	0.187	0.4	0.227	0.064	0.374	..	0.215	0.15	0.154	0.12	0.183	0.204	0.231	0.181
比利时	0.271	0.278	0.118	0.383	0.122	0.167	0.159	0.198	0.371	0.17	0.134	0.101	0.15	0.083	0.126	0.117	0.164	0.094
加拿大	0.177	0.186	0.116	0.125	0.241	0.386	0.141	0.283	0.531	0.188	0.137	0.161	0.334	0.242	0.136	0.182	0.127	0.136
智 利	0.135	0.125	0.144	0.187	0.152	0.308	0.165	0.281	0.324	0.386	0.092	0.245	0.472	0.109	0.196	0.138	0.132	0.135
捷克共和国	0.197	0.238	0.24	0.229	0.144	0.149	0.13	0.121	0.371	..	0.134	0.117	0.139	0.054	0.152	0.155	0.214	0.133
丹麦	0.24	0.079	0.068	0.319	0.112	0.19	0.119	0.075	0.376	0.205	0.12	0.112	0.121	0.093	0.139	0.203	0.099	0.102
爱沙尼亚	0.206	0.439	0.442	0.39	0.179	0.192	0.151	0.143	0.386	0.378	0.151	0.105	0.125	0.09	0.128	0.052	0.164	0.164
芬兰	0.262	0.129	0.131	0.148	0.214	0.267	0.179	0.193	0.41	0.252	0.204	0.15	0.162	0.22	0.181	0.249	0.209	0.223
法国	0.216	0.189	0.102	0.22	0.216	0.266	0.17	0.056	0.353	0.129	0.144	0.12	0.101	0.109	0.104	0.102	0.12	0.065
德国	0.208	0.167	0.166	0.225	0.1	0.158	0.081	0.093	0.346	0.135	0.116	0.158	0.088	0.05	0.102	0.118	0.082	0.056
希腊	0.412	0.23	0.218	0.275	0.141	0.326	0.16	0.277	0.354	0.335	0.18	0.184	0.133	0.156	0.095	0.148	0.221	0.194
匈牙利	0.202	0.198	0.199	0.291	0.139	0.198	0.093	0.159	0.357	..	0.123	0.073	0.128	0.076	0.104	0.185	0.14	0.111

（续表）

部　门	会计	建筑工程	工程	法律	电影	广播	录音资料	电信	航空运输	海上运输	公路运输	铁路运输	邮政	分销	商业银行业务	保险	计算机	建筑
冰岛	0.241	0.239	0.198	0.283	0.296	0.395	0.287	0.218	0.402	0.208	0.25	..	0.374	0.226	0.255	0.283	0.287	0.324
爱尔兰	0.273	0.128	0.129	0.258	0.124	0.155	0.122	0.118	0.365	0.157	0.13	0.12	0.118	0.116	0.122	0.111	0.12	0.115
以色列	0.304	0.246	0.249	0.393	0.134	0.367	0.132	0.377	0.513	0.181	0.162	1	0.376	0.096	0.185	0.162	0.164	0.285
意大利	0.266	0.269	0.27	0.224	0.154	0.226	0.233	0.133	0.365	0.301	0.194	0.164	0.176	0.13	0.129	0.171	0.167	0.172
日本	0.171	0.201	0.189	0.213	0.149	0.16	0.145	0.301	0.476	0.239	0.173	0.229	0.214	0.133	0.193	0.189	0.18	0.118
韩国	0.254	0.259	0.086	0.37	0.138	0.342	0.153	0.196	0.523	0.288	0.106	0.149	0.338	0.058	0.137	0.075	0.126	0.136
卢森堡	0.238	0.205	0.208	0.217	0.1	0.079	0.086	0.182	0.376	..	0.081	0.105	0.103	0.098	0.081	0.098	0.102	0.069
墨西哥	0.157	0.184	0.149	0.517	0.221	0.347	0.13	0.34	0.57	0.25	0.137	0.253	0.4	0.097	0.366	0.226	0.157	0.2
荷兰	0.157	0.066	0.065	0.205	0.062	0.07	0.054	0.088	0.345	0.07	0.095	0.057	0.07	0.077	0.098	0.047	0.079	0.054
新西兰	0.133	0.16	0.094	0.236	0.105	0.151	0.113	0.254	0.288	0.251	0.085	0.147	0.18	0.069	0.195	0.161	0.137	0.152
挪威	0.275	0.105	0.106	0.282	0.13	0.24	0.152	0.234	0.507	0.16	0.194	0.283	0.406	0.132	0.139	0.215	0.133	0.184
波兰	1	0.47	0.463	0.169	0.09	0.325	0.2	0.151	0.387	0.209	0.162	0.15	0.145	0.092	0.185	0.138	0.108	0.118
葡萄牙	0.474	0.287	0.225	0.302	0.132	0.163	0.142	0.068	0.397	0.123	0.141	0.112	0.133	0.098	0.135	0.197	0.178	0.137
斯洛伐克共和国	0.21	0.438	0.442	0.514	0.105	0.115	0.095	0.117	0.355	..	0.141	0.113	0.136	0.065	0.11	0.163	0.119	0.124

（续表）

部门	会计	建筑工程	工程	法律	电影	广播	录音资料	电信	航空运输	海上运输	公路运输	铁路运输	邮政	分销	商业银行业务	保险	计算机	建筑
斯洛文尼亚	0.207	0.186	0.188	0.218	0.123	0.183	0.118	0.148	0.378	0.195	0.13	0.073	0.086	0.061	0.128	0.119	0.184	0.183
西班牙	0.323	0.237	0.239	0.314	0.09	0.13	0.089	0.113	0.38	0.144	0.123	0.099	0.153	0.022	0.064	0.156	0.131	0.083
瑞典	0.297	0.105	0.106	0.158	0.148	0.218	0.109	0.202	0.401	0.205	0.158	0.134	0.193	0.122	0.094	0.127	0.168	0.18
瑞士	0.413	0.188	0.191	0.428	0.212	0.437	0.196	0.215	0.4	..	0.137	0.214	0.357	0.138	0.186	0.127	0.222	0.181
土耳其	1	0.196	0.168	0.457	0.112	0.411	0.114	0.131	0.447	0.323	0.176	0.322	0.447	0.086	0.209	0.162	0.146	0.149
英国	0.174	0.115	0.102	0.163	0.144	0.133	0.093	0.095	0.353	0.127	0.13	0.073	0.154	0.065	0.083	0.142	0.12	0.081
美国	0.147	0.163	0.199	0.14	0.06	0.297	0.049	0.124	0.581	0.383	0.141	0.122	0.37	0.073	0.13	0.222	0.152	0.158
巴西	0.318	0.31	0.292	0.385	0.299	0.498	0.176	0.429	0.636	0.275	0.165	0.368	0.511	0.138	0.43	0.152	0.24	0.237
中国	0.415	0.26	0.287	0.524	0.447	0.784	0.308	0.529	0.591	0.387	0.377	0.415	0.868	0.359	0.492	0.496	0.293	0.294
印度	0.552	0.362	0.196	0.731	0.268	0.506	0.25	0.474	0.654	0.321	0.144	1	0.535	0.352	0.511	0.635	0.289	0.24
印度尼西亚	0.432	0.308	0.325	0.716	0.716	0.472	0.367	0.607	0.647	0.443	0.366	0.403	0.444	0.4	0.551	0.523	0.321	0.313
俄罗斯联邦	0.335	0.308	0.249	0.305	0.324	0.274	0.292	0.429	0.673	0.404	0.236	0.35	0.349	0.218	0.377	0.455	0.339	0.311
南非	0.346	0.368	0.373	0.559	0.203	0.507	0.25	0.378	0.653	0.404	0.289	0.378	0.481	0.171	0.302	0.217	0.33	0.277

资料来源：http：//stats.oecd.org/Index.aspx?Data Setcode = STRI.

附录4 部分经合组织、二十国集团国家外商直接投资监管限制性指数(2013年)

国家 部门/产业	加拿大	法国	德国	爱尔兰	以色列	意大利	日本	韩国	墨西哥	英国	美国	OECD-平均	非经合组织成员国经济体							
													阿根廷	巴西	中国	印度	印度尼西亚	马来西亚	俄罗斯	南非
初级产业	0.198	0.155	0.069	0.135	0.06	0.13	0.069	0.25	0.319	0.16	0.181	0.098	0.075	0.188	0.456	0.405	0.336	0.245	0.157	0.01
农林业	0.01	0.23	0	0.045	0.1	0	0.025	0.25	0.35	0.023	0	0.049	0.15	0.225	0.248	0.43	0.206	0.49	0.075	0.01
农业	0.01	0.459	0	0.045	0.1	0	0.025	0.5	0.35	0.023	0	0.063	0.15	0.225	0.31	0.86	0.263	0.15	0.15	0.01
林业	0.01	0	0	0.045	0.1	0	0.025	0	0.35	0.023	0	0.035	0.15	0.225	0.185	0	0.15	0.83	0	0.01
渔业	0.61	0.15	0.275	0.45	0.02	0.5	0.15	0.5	0.475	0.573	0.625	0.258	0	0.275	1	0.7	0.61	0	0.15	0.01
采矿和采石(包括采油)	0.16	0.009	0	0	0.02	0.02	0.075	0	0.1	0.023	0.1	0.037	0	0.025	0.328	0.06	0.323	0	0.327	0.01
次级产业	0.11	0	0	0	0.127	0	0.005	0.06	0.102	0.023	0.028	0.034	0	0.025	0.294	0.064	0.096	0.107	0.079	0.01
制造业	0.11	0	0	0	0.02	0	0.002	0	0.103	0.023	0	0.02	0	0.025	0.236	0.046	0.07	0	0.095	0.01
食品等行业	0.11	0	0	0	0.02	0	0	0	0.1	0.023	0	0.02	0	0.025	0.198	0.1	0.06	0	0.05	0.01
炼油和化工制品	0.11	0	0	0	0.02	0	0.008	0	0.1	0.023	0	0.02	0	0.025	0.17	0.092	0.11	0	0.067	0.01

（续表）

国家 部门/产业	加拿大	法国	德国	爱尔兰	以色列	意大利	日本	韩国	墨西哥	英国	美国	OECD-平均	非经合组织成员国经济体							
													阿根廷	巴西	中国	印度	印度尼西亚	马来西亚	俄罗斯	南非
金属，机械和其他矿业	0.11	0	0	0	0.02	0	0	0	0.1	0.023	0	0.02	0	0.025	0.203	0.02	0.06	0	0.05	0.01
电气，电子和其他工具	0.11	0	0	0	0.02	0	0	0	0.1	0.023	0	0.02	0	0.025	0.2	0.02	0.06	0	0.05	0.01
运输设备	0.11	0	0	0	0.02	0	0	0	0.113	0.023	0	0.02	0	0.025	0.41	0	0.06	0	0.258	0.01
电力	0.11	0	0	0	0.77	0	0.025	0.417	0.1	0.023	0.197	0.12	0	0.025	0.53	0.064	0.11	0.5	0.03	0.01
发电	0.11	0	0	0	0.77	0	0.025	0.333	0.1	0.023	0.393	0.126	0	0.025	0.31	0.128	0.11	0.5	0.06	0.01
电力输送	0.11	0	0	0	0.77	0	0.025	0.5	0.1	0.023	0	0.115	0	0.025	0.75	0	0.11	0.5	0	0.01
建筑业	0.11	0	0	0	0.02	0	0	0	0.1	0.023	0	0.02	0	0.025	0.345	0.15	0.21	0.25	0.05	0.01
第三产业	0.204	0.033	0.022	0.037	0.134	0.057	0.077	0.141	0.206	0.05	0.094	0.085	0.049	0.118	0.484	0.34	0.466	0.266	0.255	0.101
配送业务	0.11	0	0	0	0.02	0	0.001	0	0.175	0.023	0	0.022	0	0.025	0.256	0.238	0.435	0.437	0.05	0.01
批发业	0.11	0	0	0	0.02	0	0.001	0	0.1	0.023	0	0.02	0	0.025	0.225	0	0.31	0.27	0.05	0.01
零售业	0.11	0	0	0	0.02	0	0.001	0	0.25	0.023	0	0.024	0	0.025	0.288	0.475	0.56	0.603	0.05	0.01

（续表）

国家 / 部门/产业	加拿大	法国	德国	爱尔兰	以色列	意大利	日本	韩国	墨西哥	英国	美国	OECD-平均	非经合组织成员国经济体							
													阿根廷	巴西	中国	印度	印度尼西亚	马来西亚	俄罗斯	南非
运输业	0.277	0.15	0.2	0.125	0.403	0.2	0.275	0.508	0.528	0.114	0.55	0.218	0.042	0.275	0.642	0.179	0.423	0.1	0.35	0.193
表面处理业	0.11	0	0	0	0.02	0	0.025	0	0.433	0.023	0	0.039	0.125	0.275	0.375	0	0.223	0	0.35	0.01
海运业	0.11	0.225	0.275	0.15	0.62	0.3	0.15	0.975	0.55	0.073	1	0.262	0	0.025	0.895	0	0.485	0.3	0.05	0.06
航空业	0.61	0.225	0.325	0.225	0.57	0.3	0.65	0.55	0.6	0.248	0.65	0.353	0	0.525	0.655	0.538	0.56	0	0.65	0.51
酒店和餐饮行业	0.11	0	0	0	0.02	0.007	0	0	0.1	0.023	0	0.021	0	0.025	0.17	0	0.123	0.05	0.1	0.11
传媒产业	0.71	0.048	0.025	0	0.264	0.363	0.2	0.563	0.525	0.248	0.25	0.163	0.5	0.55	1	0.395	1	0.65	0.35	0.298
广播和电视广播行业	0.71	0.045	0.05	0	0.508	0.225	0.4	0.75	0.7	0.473	0.5	0.234	0.5	0.425	1	0.44	1	0.75	0.55	0.585
其他媒体行业	0.71	0.05	0	0	0.02	0.5	0	0.375	0.35	0.023	0	0.093	0.5	0.675	1	0.35	1	0.55	0.15	0.01
通信行业	0.575	0	0	0	0.395	0	0.265	0.325	0.1	0.023	0.11	0.089	0	0.025	0.75	0.175	0.41	0.25	0.1	0.01
固定电信行业	0.575	0	0	0	0.47	0	0.505	0.325	0.1	0.023	0.02	0.095	0	0.025	0.75	0.175	0.56	0.25	0.15	0.01

（续表）

国家 部门/产业	加拿大	法国	德国	爱尔兰	以色列	意大利	日本	韩国	墨西哥	英国	美国	OECD-平均	非经合组织成员国经济体							
													阿根廷	巴西	中国	印度	印度尼西亚	马来西亚	俄罗斯	南非
移动电信行业	0.575	0	0	0	0.32	0	0.025	0.325	0.1	0.023	0.2	0.082	0	0.025	0.75	0.175	0.26	0.25	0.05	0.01
金融服务业	0.077	0.054	0.005	0.009	0.037	0.018	0	0.05	0.133	0.024	0.042	0.035	0	0.108	0.513	0.32	0.239	0.221	0.432	0.052
银行	0.11	0.045	0.011	0	0.02	0	0	0	0.2	0.023	0.1	0.04	0	0.15	0.5	0.413	0.21	0.238	0.5	0.01
保险	0.01	0.068	0	0.023	0.02	0	0	0	0.1	0.023	0	0.023	0	0.125	0.625	0.5	0.16	0.3	0.695	0.06
其他金融业	0.11	0.05	0.005	0.005	0.07	0.055	0	0.15	0.1	0.027	0.025	0.042	0	0.05	0.415	0.046	0.348	0.125	0.1	0.085
商业服务	0.11	0.003	0	0	0.02	0	0	0	0.1	0.023	0	0.067	0	0.025	0.388	0.563	0.579	0.088	0.175	0.26
法律	0.11	0.01	0	0	0.02	0	0	0	0.1	0.023	0	0.117	0	0.025	0.75	1	0.66	0.25	0.55	0.51
会计审计	0.11	0	0	0	0.02	0	0	0	0.1	0.023	0	0.1	0	0.025	0.5	1	0.66	0	0.05	0.51
建筑设计	0.11	0	0	0	0.02	0	0	0	0.1	0.023	0	0.026	0	0.025	0.15	0	0.498	0	0.05	0.01
工程设计	0.11	0	0	0	0.02	0	0	0	0.1	0.023	0	0.026	0	0.025	0.15	0.25	0.498	0.1	0.05	0.01
不动产投资	0.01	0	0	0.25	0.22	0	0.1	0	0.167	0	0	0.164	0	0.025	0.325	1	1	0.25	0.333	0.06
总 FDI 指数	0.173	0.045	0.023	0.043	0.118	0.052	0.052	0.135	0.193	0.061	0.089	0.068	0.038	0.101	0.418	0.264	0.324	0.212	0.181	0.055

资料来源：http：//www.oecd.org/investment/fdiindex.htm。

附录 5　产业建设项目行政审批工作日明细表

审批流程		
序号	行政审批部门	审批内容
一、企业设立阶段(工作日)		
1	工商局	企业名称核准
2	经　委	1 亿美元以下鼓励类允许类(5 个工作日)
3	经　委	1 亿美元以上 3 亿以下鼓励类允许类(20)
4	工商局	企业登记设立
二、土地取得阶段(工作日)		
1	发改委	土地储备前期开发立项
2	规土局	土地储备规划选址及核定规划条件
3		土地权属测绘调查及成果管理
4		拟征地公告及区县农转用组件报批
5		市局委托区局办理农转用征收审批
6		土地储备审批
7		征地包干(二公告期、签协议和市局鉴证)
8		土地预审及“两图一表”审核
9		并联征询各相关审批部门意见
10		招拍挂用地审批，地价评估
11		预合同审批
12		上报市有形市场招拍挂并签订出让合同

（续表）

序号	行政审批部门	审批内容
三、设计方案设阶段（工作日）		
1	环保局	环保审批（报告书60、表30、登记表15）
2	安监局	建设项目安全条件和职业病危害预评价审查
3	发改委	节能评估审核
4	民防办	民防方案审核
5	绿化市容局	建设项目配套绿化设计方案审核
6	卫生局	建设项目预防性卫生审核
7	发改委	项目备案
8	建交委	建设工程项目报建
9	规土局	建设用地规划许可
10		建设工程规划设计方案
四、设计文件审查（工作日）		
1	民防办	民防审核
2	绿化市容局	建设项目配套绿化设计方案审核
3	卫生局	建设项目预防性卫生审核
4	气象局	防雷装置设计审核
5	交警支队	道口审核
6	市抗震办	抗震审核
7	安监局	建设项目安全和职业病防护设施设计审查
8	建交委	设计文件审查
9	规土局	建设用地批准书
10		建设工程规划许可

（续表）

序号	行政审批部门	审批内容
五、开工手续阶段（工作日）		
1	建交委	设计招标、勘察招标
2		施工、监理招标
3		安全质量报监
4	规土局	建设工程放样复验
5	建交委	建设工程施工许可
六、竣工验收阶段（工作日）		
1	规土局	竣工档案验收
2		建设工程竣工规划验收
3	环保局	试生产（试运行）审批意见
4		环境保护设施竣工验收审批意见
5	卫生局	建设项目预防性卫生验收
6	民防办	民防工程竣工备案
7	绿化市容局	建设项目配套绿化竣工验收
8	公安消防	建筑工程竣工消防验收申报
9	气象局	防雷装置竣工验收
10	安监局	建设项目安全和职业病防护设施竣工验收
11	建交委	工程项目竣工验收备案

2 国际投资自由化与投资管理制度创新

30多年的改革实践证明，外资企业在推动我国经济增长、创造就业和技术进步，特别是融入经济全球化方面起到了重要作用，但现有外商投资制度决定了外资主要将中国作为成本和市场基地，外资的负面影响也日益凸显，需要通过制度改革将外资作为国家战略的重要组成部分。同时在信息与通讯技术下，外商投资企业投资取向从制造业向制造业和服务业并举方向发展，在这种情况下，我们应该建立什么样的外商投资制度框架，既要维护国家安全，同时又要将外资作为我们推动中国在全球价值链中的一股重要力量，对外资的开放特别是对外资服务业领域开放以后的经济、政治和文化影响难以预料，这样需要通过自由贸易试验区的试点积累国家治理经验，在这个基础上形成一整套符合中国国情的管理技术和管理制度。

(1) 现有外商投资制度变革的动因

从1979年颁布《中华人民共和国中外合资经营企业法》至今已经有35年的历史，我国外商投资制度经历了两个阶段，第一个阶段是基本不受国际组织约束的外商投资制度，这段时间包括1979年到2001年中国加入世界贸易组织之前，当时对外资开放的重点主要是制造业，而且对外资有很大的限制，主要包括股权比例限制，当地采购成分要求，经营范围限制，甚至像汽车这类产品的销售权也有限制，中国加入世界贸易组织之前，中国的外商投资制度和外资政策不受多边贸易制度的约束。第二个阶段是中国加入世界贸易组织以后，中国的开放和外商投资制度受到入世承诺的约束，外商投资制度受到多边贸易制度的约束，表现为入世承诺使我国在服务业领域迅速开放，甚至比较敏感的分销服务业、金融服务业、运输服务业和电信服务业，当时我国作出了高于发展中国家的承诺，在制造业方面，执行与贸易有关的投资措施协定（TRIMs），取消贸易平衡要求、当地充分要求和外汇平衡要求，并修改了相应的法律和法规。同时，根据中国入世承诺，我国规范了《外商投资产业指导目录》。

但无论哪个阶段，从1979年至今外商投资制度的两个基本问题没有变。一是行政审批制度，不管是开业阶段的企业设立，还是开业以后的投资项目，都必须经过政府部门的批准，有的甚至需要通过中央政府相关部门的批准，审批的依据是外资三法以及国务院的相关法律，比如《外商投资产业指导目录》。不仅如此，许多行业采用行政许可制度，即前置审批制度，在我国服务业领域最为明显，这样，从中央政府到地方政府，主要的工作职责是审批企业的开业和各项投资项目审批上，而与国家宏观管理有关的国家提升战略、国家安全，事中事后的监管体系，要么连框架都没有，要么缺乏有效的监管技术和监管能力。二是无论准入前还是准入后，外资企业和内资企业采用两套法律制度和监管体系，即使是国内企业、民营企业和国有企业也存在着行业管理制度上的巨大差异，对外资的开放采用正面清单的管理方式，也即“不列入不开放”的管理模式。

现有外商投资审批制度和管理模式本身是计划经济的产物。首先，政府直接参与微观资源配置。政府的工作重点是通过投资项目的审批参与资源的直接配置，事实上，由于政府不可能掌握市场信号，而且审批本身需要比较长的一个过程，一个项目短则 3 个月，长则 1 年，因而往往投资项目审批出来了，但市场需求却出现了变化。其次，由于政府将主要精力放在大量投资项目的审批上，因而出现了政府宏观调控的缺位，包括国家全球价值链提升战略、国家安全、服务业管理规制等国家重大问题，一是没有可操作性的中长期规划，二是没有可操作性和前瞻性的管理规则，三是根据管理规则确定的管理技术和管理能力。再次，政府管理多头低效。由于采用市场准入和投资项目的审批制度，开办企业和项目投资，涉及多个政府服务部门以及中央和地方的不同层面，但政府各部门之间按照各自的监管要求形成了自成一体的管理制度，以企业开办以后的组织代码为例，许多发达国家开办企业都采用登记制度，而且登记以后形成一个系统，非上市公司每年提交社会责任报告，但国内现在对企业的管理是政府部门各管各的，有工商、质检、税务、海关和外汇五个企业组织代码，并以此为基础形成了互不相通的信息系统和监管制度，这种制度的低效率是显而易见的。最后，寻租行为取代创新行为。由于采用了准入审批制度特别是投资项目的审批制度，政策的透明度不高和可预见性低必然出现企业的寻租行为。

同时，特别重要的是，现有外商投资制度产生的管理模式和信息与通讯技术带来的产业技术和商业模式变化之间的矛盾越来越突出。

第一，信息与通讯技术使服务业的生产与贸易方式发生了巨大的变化，传统审批制度难以适应企业商业模式变化。许多服务业原来是手工方式提供服务。这种服务提供方式，一方面是服务提供者提供跨境服务时主要通过商业存在的方式提供服务；另一方面，由于采用手工方式提供服务，这样提供服务的能力是有限的，服务市场半径和服务容量半径很小。这两个方面使世界贸易组织关于服务贸易总协定的谈判模式采用

表 2-10 我国外商投资政策的演变过程

不同阶段	实施年份	政策文件	类型	备注
起步阶段（1979—1985 年）	1979	《中华人民共和国中外合资经营企业法》	市场准入	①首次明确地指出了鼓励外商直接投资与确保外商投资利益；②在中外合资企业的注册资本中，外商投资比例不得低于总注册资本的 25%。
	1980	《中华人民共和国中外合资经营企业所得税法》、《中华人民共和国中外合资经营企业所得税法施行细则》	鼓励政策	①合营企业的所得税税率为 30%；②为外商投资提供了宽松的环境，改善了外商投资企业的生产经营条件，使试探性、以港澳台的小资本为主的外商来华投资局面迅速得到改善；③1991 年废止。
	1982	《中华人民共和国外国企业所得税法》	鼓励政策	①对外国企业按所得税不同实行不同税率（20%—40%）；②1991 年废止。
	1983	《中华人民共和国中外合资经营企业所得税法》修订	鼓励政策	①放宽了合营期在 10 年以上企业的免征和减半征收所得税的年限，即由原来的第一年免征所得税，第二、三年减半征收所得税，调整为第一、二年免征所得税，第三、四、五年减半征收所得税；②放宽了缴付所得税的时限，即由原来的每年在年度终了后 3 个月内，调整为每年在年度终了后 5 个月内；③放宽了报送年度所得税申报表和会计决算报表的时限，即由原来的年度终了后 3 个月内，调整为年度终了后 4 个月内。
	1983	《中华人民共和国中外合资经营企业法实施条例》	市场准入	①可以创建合营企业的六大行业；②把高新技术的引进作为审批建立企业的条件。③1986 年、1987 年、2001 年、2011 年进行了四次修订。

（续表）

不同阶段	实施年份	政策文件	类型	备注
形成阶段（1986—1996年）	1986	《中华人民共和国中外合资经营企业法实施条例》第一次修订	市场准入	
	1987	《中华人民共和国中外合资经营企业法实施条例》第二次修订	市场准入	
	1986	《中华人民共和国外资企业法》	市场准入	
	1986	《国务院关于鼓励外商投资的规定》	鼓励政策	对高技术水平的外资企业提供了更加优惠的政策。
	1988	《中华人民共和国中外合作经营企业法》	市场准入	中外合作企业中，外国合作者投资一般不得低于总注册资本的25%。
	1990	《中华人民共和国外资企业法实施条例》	市场准入	提出了外商独资企业所需创建的条件、禁止或限制外商独资企业的行业，并列出不予批准的情况。
	1991	《中华人民共和国外商投资企业和外国企业所得税法》（同时废止了《中华人民共和国中外合资经营企业所得税法》和《中华人民共和国外国企业所得税法》）	鼓励政策	①外商投资企业所得税得到统一（33%），高新技术的外商投资企业按15%的税率收取所得税。②生产性高新企业可享受“两免三减”的优惠政策。③涉外企业所得税制度的统一，对促进国家经济发展，增加财政收入，起到很大的作用，但内外资企业税率差距较大，降低了内资企业的竞争力。④于2008年废止。

（续表）

不同阶段	实施年份	政策文件	类型	备注
形成阶段（1986—1996年）	1993	《中华人民共和国企业所得税暂行条例》	鼓励政策	于2008年废止。
	1994	《国务院发布的增值税暂行条例》、《消费税暂行条例和营业税暂行条例》，停止执行工商统一税条例	鼓励政策	对外商投资企业、外国企业和外籍个人来说，除企业所得税和个别地方税种外，其他税种已与国内企业和个人一样，实行统一的税制，这项规定改变长期以来内外资企业适用不同的流转税制的模式，向统一税制迈出重要的一步。
	1995	《指导外商投资方向暂行规定》和《外商投资产业指导目录》	市场准入	①外商所能进入的领域行业分为鼓励、允许、限制和禁止四类。②1997年、2002年、2004年、2007年、2011年和2013年分别对《外商投资产业指导目录》进行修订，我国正不断增大开放的范围和力度，放宽外商直接投资的准入行业。③产业指导目录及最新修订突出制造业的重要地位，扩大国家鼓励外商投资的范围，突出产业重点，同时更加注重引进外资的质量、注重保护环境和节约资源，更好地适应产业结构调整的要求和有利于引进先进技术的原则。

（续表）

不同阶段	实施年份	政策文件	类型	备注
完善阶段（1997—2001年）	1997	《外商投资产业指导目录》第一次修订	市场准入	
	1998	《国务院关于调整进口设备税收政策》	鼓励政策	对国家鼓励发展的行业，外商直接投资企业所使用的进口设备则免征进口关税和进口环节增值税。
	2000	《关于外商投资设立研发中心有关问题的通知》	鼓励政策	对外商在我国建立研发中心机构给予多方鼓励和支持，进一步拓展引进技术源。
	2000	《中西部地区外商投资优势产业目录》	鼓励政策	2004年、2008年、2013年进行多次修改，给予西部地区财政信贷、税收优惠等政策支持，并扩大外商投资领域，拓宽利用外资渠道、放宽利用外资有关条件。
	2001	《中华人民共和国中外合资经营企业法实施条例》第三次修订	市场准入	
调整阶段（2002年至今）	2002	《外商投资产业指导目录》第二次修订	市场准入	
	2003	《鼓励外商投资高新技术产品目录》	鼓励政策	外商直接投资已经成为我国提高技术水平的重要手段之一。
	2004	《外商投资产业指导目录》第三次修订	市场准入	

（续表）

不同阶段	实施年份	政策文件	类型	备注
调整阶段（2002年至今）	2004	《中西部地区外商投资优势产业目录》第一次修订	市场准入	
	2007	《外商投资产业指导目录》第四次修订	市场准入	
	2008	《中华人民共和国企业所得税法》（同时废止了《中华人民共和国外商投资企业和外国企业所得税法》和《中华人民共和国企业所得税暂行条例》）	鼓励政策	①2008年1月1日开始生效，企业所得税税率统一确定为25%，对原享受优惠的外资企业给予5年过渡期，并提出“保留、扩大、替代、减少”四个优惠政策方案；②新税法改变过去国家在税收上的区域优惠做法，转向行业优惠倾斜；③对于符合条件的小型微利企业，减按20%的税率征收。国家重点扶持的高新技术企业，减按15%的税率征收。扩大企业投资环境保护、节能节水、安全生产等方面的税收优惠，增加企业“从事符合条件的环境保护、节能节水项目的所得”可以享受减免税优惠等方面的内容；④在区域优惠上，仍保留经济特区和西部地区两个优惠区域，以顾及港澳地区外商投资在特区的特殊利益，并且照顾西部投资环境不完善的实际情况。

（续表）

不同阶段	实施年份	政策文件	类型	备注
调整阶段（2002年至今）	2008	《中西部地区外商投资优势产业目录》第二次修订	鼓励政策	
	2011	《外商投资产业指导目录》第五次修订	市场准入	
	2011	《中华人民共和国中外合资经营企业法实施条例》第四次修订	市场准入	
	2013	《中西部地区外商投资优势产业目录》第三次修订	鼓励政策	自2013年6月10日起施行，2008年版废除。
	2013	《外商投资产业指导目录》第六次修订	市场准入	

资料来源：作者根据政府相关制度、政策整理而成。

表 2-11　外商投资项目核准政策演变

<table>
<tr><th rowspan="2">阶段</th><th rowspan="2">年份</th><th rowspan="2">审批依据</th><th rowspan="2">公司/项目类别</th><th rowspan="2" colspan="2">项目金额</th><th rowspan="2">审批部门</th><th colspan="2">《指导目录》子类[4]</th></tr>
<tr><th>制造业</th><th>服务业</th></tr>
<tr><td rowspan="6">形成阶段</td><td rowspan="6">1995</td><td rowspan="6">《关于审批利用外商投资改造现有企业项目的通知》</td><td rowspan="2">国有特大型、大型及中央企业</td><td colspan="2">1 亿美元以下</td><td>国家经贸委审批</td><td rowspan="2">—</td><td rowspan="2">—</td></tr>
<tr><td colspan="2">1 亿美元以上</td><td>国家经贸委审查，报国务院审批</td></tr>
<tr><td rowspan="4">地方企业</td><td rowspan="2">限额数以下[1]</td><td>3 000 万美元以下(经济特区、沿海开放城市、沿边沿江开放城市和内地省会开放城市)</td><td rowspan="2">所在省、自治区、直辖市和计划单列市经贸委(经委、计经委)审查，报国家经贸委审批，抄送国务院有关行业管理部门</td><td rowspan="4">—</td><td rowspan="4">—</td></tr>
<tr><td>1 000 万美元(其余地方)</td></tr>
<tr><td colspan="2">1 亿美元以下(限额数以上)</td><td>所在省、自治区、直辖市和计划单列市经贸委(经委、计经委)审查，报国家经贸委审批，抄送国务院有关行业管理部门</td></tr>
<tr><td colspan="2">1 亿美元以上</td><td>国家经贸委审查，报国务院审批</td></tr>
</table>

（续表）

阶段	年份	审批依据	公司/项目类别	项目金额	审批部门	《指导目录》子类[④]	
						制造业	服务业
完善阶段	1999	《关于扩大地方鼓励类不需要综合平衡的外商投资项目审批权限有关问题的通知》（计外资〔1999〕2147号）[②]	鼓励类	需要国家综合平衡的限额数以上（含黄金勘探与开发、稀土开发与利用的限额以下项目）	审批程序不变	196	34
			鼓励类	不需要国家综合平衡的限额以上	所在省、自治区、直辖市和计划单列市经贸委（经委、计经委）审批（审批权不得下放），报国家计委或国家经贸委备案		
			鼓励类	限额以下	审批程序不变		
			允许类	所有金额	审批程序不变	—	—
			限制类	所有金额	审批程序不变	34	31

（续表）

阶段	年份	审批依据	公司/项目类别	项目金额	审批部门	《指导目录》子类[4]	
						制造业	服务业
调整阶段	2004	《政府核准的投资项目目录（2004年本）》、《外商投资项目核准暂行管理办法》[3]	鼓励类	1亿美元以下	地方发展改革部门	191	34
				1亿美元以上	国家发展改革委		
				5亿美元以上	国家发展改革委审核，报国务院核准		
			允许类	1亿美元以下	地方发展改革部门	—	—
				1亿美元以上	国家发展改革委		
				5亿美元以上	国家发展改革委审核，报国务院核准		
			限制类	5 000万美元以下	省级发展改革部门（核准权不得下放）	34	27
				5 000万美元以上	国家发展改革委		
				1亿美元以上	国家发展改革委审核，报国务院核准		

（续表）

阶段	年份	审批依据	公司/项目类别	项目金额	审批部门	《指导目录》子类[④] 制造业	服务业
调整阶段	2013	《政府核准的投资项目目录（2013年本）》、《外商投资项目核准和备案管理办法（征求意见稿）》[③]	鼓励类（中方控股）	3亿美元以下	地方政府	278	47
				3亿美元以上	国家发展改革委		
			限制类	5 000万美元以下和房地产项目	省级政府	32	33
				5 000万美元以上（不含房地产）	国家发展改革委		

附注：①限额数，即按1992年中央4号文件规定的经济特区、沿海开放城市、沿边沿江开放城市和内地省会开放城市为3 000万美元，其余为1 000万美元；②《关于扩大地方鼓励类不需要综合平衡的外商投资项目审批权限有关问题的通知》（计外资〔1999〕2147号）于2004年废止；③2004年版、2013年版以上规定之外的属于《政府核准的投资项目目录》（以下简称《核准目录》）第一至十一项所列的外商投资项目，按照《核准目录》第一至十一项的规定核准。且2004年版《政府核准的投资项目目录》与《外商投资项目核准暂行管理办法》于2013年废止；④1999年以1997年版《指导目录》为准，2004年以2003年版《指导目录》为准，2013年以2011年版《指导目录》为准；⑤属于《中西部地区外商投资优势产业目录》的外商投资项目，按照鼓励类项目划分核准权限；⑥外商投资企业的设立及变更事项，按现行有关规定由商务部和地方政府核准。

资料来源：作者根据政府相关制度、政策整理而成。

跨境交付、境外消费、商业存在和自然人流动四种服务贸易方式并按照市场准入和国民待遇两种准入方式进行承诺，由于各成员方之间在服务业领域存在着巨大差异以及国家安全等问题，因而世界贸易组织采用承诺制方式。但信息与通讯技术在全世界范围内普及以后，服务业企业从原来的手工操作向大规模定制方向转变，这样产生了以下的问题：服务的生产和贸易方式发生了变化。沈玉良、李墨丝(2014 年)将信息与通讯技术引发的服务生产和贸易方式分为四种模式，即部分货物变成数字服务(数字内容服务)、传统手工服务变成电子服务、货物内服务以及服务内服务。[①]信息与通讯技术衍生出大量商业模式，这种商业模式演化为服务产业，而现行的外商投资管理制度是通过目录管理方式，目录管理不可能涵盖所有服务业商业模式，因为我们无法预测未来商业模式的变化。

第二，正面清单管理制度约束了企业创新。信息与通讯技术不仅使服务业发生了革命性变化，而且也对制造业产生了重大影响。服务内产品分工和可离岸性使服务中间品不断增加，并通过服务平台可以同时提供多种服务。在手工条件下，设想一个企业要完成多个服务业务，甚至是跨多个服务

① 沈玉良、李墨丝等:《国际服务贸易新规则研究》,对外经贸大学出版社 2014 年版,第 11—23 页。

部门是不可能的，但是在信息与通讯技术下，一个企业不仅可以根据核心业务的需要同时完成多个业务，而且可以同时跨多个服务部门，因而不需要设立公司，跨境提供服务也是容易的事情了。因为信息与通讯技术使服务内部有分工，也使服务中间产品变成标准化的服务并存储，服务产品内部高度分工和全球化配置使企业专注做核心业务，商业模式的多样性就出来了，这样如果采用正面清单“不列入不开放”的模式，企业就难以知道哪些业务可以做，哪些业务不可以做，负面清单“不列入即开放”的模式就十分清楚哪些服务业务是受到约束的。

第三，信息与通讯技术使国家的风险因素发生了根本性变化。在传统经济下，国家的金融风险集中在银行，因为金融危机发生之后直接对货币信用产生影响，而且这种风险局限在某个国家。但是在信息与通讯技术下，与信息与通讯技术有关的金融服务主体和商业模式发生了根本变化，传统的银行、保险和投资银行原来是金融主体，但现在信息设备制造商、信息服务提供商，甚至是社交网络等都参与了金融服务提供，而且进行跨境金融服务提供，其不同的是传统金融服务模式转变为 B2C 和 C2C 模式，这种模式今后对金融风险特别是有金融风险引起的国家风险难以预料。

第四，信息与通讯技术使国家安全发生了变化。服务产品生产和贸易模式的转变也使传统的国家安全和国家利益发生了变化，从国家核心利益和国家核心价值观看，数字内容的制作、传输成为每个国家争夺市场的焦点，在信息传输技术无国界的情况下，如何形成我国的核心价值观，并深入每个公民，这不仅是一个数字内容制作的问题，还包括数字内容推广的技术、数字内容的传播方式等。在信息与通讯技术下，网络安全和跨境数据传输安全成为国家安全的最主要内容。一方面，信息与通讯技术的发展需要通过网络和数据传输方式进行，不开放不能发展高端服务业；另一方面，由此产生的网络安全和跨境数据传输安全需要国家建立国家安全的战略，确定国家安全的基本法律和法规以及在多边、区域、诸边和双边等服务规则的谈判策略，并制定具体实施方案。

这一方面需要国家管理中的技术提升，另一方面需要制定规则去实施，更主要的是信息与通讯技术下风险以及这种风险造成的国家安全充满着不确定性，需要通过试点去检验，并通过试点去制定规则和完成国家治理结构和治理能力。

(2) 自贸试验区外商投资制度试点

《中国(上海)自由贸易试验区总体方案》提出要探索建立负面清单管理模式，借鉴国际通行规则，对外商投资试行准入前国民待遇，制定外商投资与国民待遇等不符的负面清单，改革外商投资管理模式，目标是形成与国际接轨的外商投资管理制度。

根据总体方案，政府部门相继出台了《中国(上海)自由贸易试验区外商投资准入特别管理措施(负面清单)(2013 年)、(2014 年修订)》(以下简称《负面清单》)、《中国(上海)自由贸易试验区外商投资企业备案管理办法》、《中国(上海)自由贸易试验区外商投资项目备案管理办法》等一系列相关制度文件，推进外商投资管理制度改革试点。

根据《全国人民代表大会常务委员会关于授权国务院在中国(上海)自由贸易试验区暂时调整有关法律规定的行政审批的决定》，在自贸试验区内，对国家规定实施准入特别管理措施之外的外商投资，暂时调整《外资企业法》、《中外合作经营企业法》以及《中外合资经营企业法》有关外资企业设立阶段的规定。根据全国人大的授权，国务院暂时调整《中华人民共和国中外合资经营企业法实施条例》、《国务院关于投资体制改革的决定》等的有关规定。上海市也相应暂时调整实施《上海市外商投资企业审批条例》等有关地方性法规。《负面清单》规定，对负面清单之外的领域，将外商投资项目由核准制改为备案制(国务院规定对国内投资项目保留核准的除外)；将外商投资企业合同章程审批改为备案管理。针对外商投资企业和项目的备案管理制度，《中国（上海）自由贸易试验区外商投资企业备案管理办法》、《中国（上海）自由贸易试验区外商投资项目备案管理办法》作了具体规定。

自贸试验区通过实施准入前国民待遇加负面清单为核心的外商管理制度改革，推动外商投资管理模式由正面清单管理模式向负面清单管理模式的转变，体现了国际高标准投资规则对外商投资管理制度的基本要求，为形成与国际接轨的外商投资管理制度提供了可复制可推广的经验。

自贸试验区试行负面清单管理模式，是外商投资管理方式的根本转变，也是政府职能转变的重要起步。相对我国以往的正面清单管理模式，自贸试验区实施负面清单管理模式对外商投资管理的理念、制度以及措施都产生了深刻影响。第一，政府治理理念的变化。负面清单“不列入即开放”的管理理念，完全不同于正面清单“不列入不开放”的管理理念，要求减少政府干预，缩小审批范围，简化审批程序，体现市场在资源配置中的决定性作用。第二，政府治理方式的变化。将负面清单以外的外商投资项目核准以及企业合同章程审批改为备案管理，推动外资管理从“重审批轻监管”转变为“宽准入重监管”，由事前审批为主转变为注重事中事后监管为主，形成综合监管体系。第三，政府治理的制度约束。负面清单列明特别管理措施，减少外资管理中的灰色地带，制约政府权力，规范政策空间，限制行政手段。

实施负面清单管理模式对自贸试验区的外资管理而言意味着前所未有的挑战：第一，政府治理能力要求提高，否则影响国家安全。按照国际投资新规则，所有部门均纳入谈判范围，包括不可预知的新兴部门，这要求政府有可预见性，现有不符措施和未来不符措施的制定反映产业前沿的发展趋势，这样要求政府完善服务基础设施(主要指服务的信息系统以及相关的硬件和软件设施)，用科学方法和科学技术提升政府治理水平和治理能力。第二，政府监管方式的转变。采用负面清单方式必然导致政府监管的重心由事前审批转向事中事后监管。加强事中事后监管是取消行政审批、转变政府职能的前提和保障。简政放权之后必须强调“放”和“管”要配套衔接，事中事后监管要落实到位。如果政府不能有效实施过程管理，那么外资管理的风险将大大增加。第三，虽然自贸试验区负面清单属于自主开放措施，但是对外资管理政策同样应当具有稳定性和可预见性，避免市场开放措施随意变动甚至倒退，但这项要求恰恰是在清理繁复的外资管理法律法规的过程中面临的一大挑战。

自贸试验区目前的外商投资管理制度框架与国际高标准国际投资规则之间尚存在差异。自贸试验区负面清单是自主实施的单边开放措施，从负面清单的基本框架来看，与国际通行的国际贸易和国际投资协定负面清单相比，自贸试验区负面清单还有一些差异：一是涵盖范围的差异。国际通行的负面清单中投资定义和范围包括直接投资和间接投资，同时涵盖准入前和准入后阶段，包括投资设立、取得和扩大的全生命周期；自贸试验区负面清单的投资只针对直接投资，仅涵盖准入前阶段。二是不符措施内容的差异。国际通行的负面清单的不符措施针对国民待遇、最惠国待遇、当地存在、业绩要求、高管和董事会等多方面；自贸试验区负面清单的不符措施主要针对国民待遇。三是禁止反转机制的差异。国际通行的负面清单都包含禁止反转机制，任何保留措施未来的自由化将自动锁定，不得倒退；自贸试验区负面清单是单边开放措施，不受约束，可进可退。四是清单开列方式的差异。国际通行的负面清单通常包括部门、相关义务、政府级别、措施和描述五项基本要素，并且用三个附件分别列出现有的不符措施、未来的不符措施以及金融部门和电信部门的不符措施；自贸试验区负面清单的架构相对比较简单，对于特别管理措施的描述还不充分，也没有单独制定金融、电信特殊部门的规范。

但是作为自贸试验区，不可能也没有必要对所有国际高标准国际投资规则进行试点，而应该根据国家的战略，结合自贸试验区的实际情况，试点国际投资新规则一部分。

表 2-12　自贸试验区负面清单与国际标准的主要差异

主要特征	正面清单	负面清单	自贸试验区负面清单
一般描述	不列入不开放	不列入即开放	不列入即开放
投资定义	直接投资	直接投资和间接投资	直接投资
涵盖范围	准入前和准入后阶段	准入前和准入后阶段	准入前阶段
不符措施内容	无	针对国民待遇、最惠国待遇、当地存在、业绩要求、高管和董事会等	主要针对国民待遇
透明度	一般较低	一般更高	较低
现状承诺条款	无（有例外）	有	无
禁止反转机制	无	有	无
现有和未来不符措施的区分	未区分	分别列出	未区分
特殊部门规范	金融、电信等	金融、电信	无

总体而言，虽然自贸试验区外商投资管理制度还有一些方面与国际通行规则存在差异，但是设计思路和制度框架基本符合国际上对负面清单的总体要求，同时自贸试验区实施的准入前国民待遇和负面清单管理模式，已经基本具备在全国复制推广的条件。

(3) 自贸试验区外商投资制度试点方向

自贸试验区在外商投资制度领域的创新尽管取得很大成就，但只是在准入前的国民待遇领域试点，离国际投资自由化的高标准服务和国际投资新规则差距甚远。同时，我们也要知道，在有限的空间范围、有限的时间和制度资源稀缺的情况下，我们要选择与国家战略密切相关、能带动自贸试验区在全球价值链中的位置提升，从而推进对外开放水平和能力的提升，同时要将投资新规则的试点从国民待遇扩大到公平竞争和权益保护等领域，建立适合国际新规则的政府管理制度。

A. 国际投资自由化试点原则

中国(上海)自由贸易试验区负面清单管理模式的试点，主要涉及准入前国民待遇，这只是外商投资管理制度变革的一部分，随着2015年新增三个自贸试验区，未来自贸试验区的试点要明确以下原则性问题。

a. 自贸区试点是试点局部规则还是全部规则？

国际投资新规则体现国家层面的制度构架变动。一方面，我们应该肯定这是国际投资规则的演变结果，这种演变从北美自由贸易区(NAFTA)开始，顺应了信息与通讯技术变化下企业对国际投资规则的需求，但这种规则是在区域贸易协定层面，规则本身还处于不断完善之中。我国参与双边、区域和诸边贸易协定谈判，如果确定采用负面列表方式的话，是需要去谈判的，而谈判本身就是讨价还价的结果，因此最后我国在双边、区域或者诸边层面与成员方形成什么样的规则本身具有不确定性，这样自贸试验区不可能试点正在谈判的全部内容。另一方面，国际投资新规则是对国内规则的约束，我国现有外商投资管理制度的改革不仅仅是几个法律制度的调整，而是整个外商投资制度框架的变动，并需要改革，这方面的改革充满着复杂性和不可预见性，因此自贸试验区不可能在非常短的时间内试点国际投资新规则的全部内容，而是局部规则。同时，在制定自贸试验区负面清单时应该考虑：①限制措施的行业开列方式，依据是什么？上海自贸试验区负面清单都是按照《国民经济行业分类及代码》(2011 年版)分类编制中的中类进行编制，但是美国与其他国家达成的双边投资协定是根据实际需求灵活建立负面清单，有的可以为所有部门的不负措施，有的则具体到某个业务部门，并有不符措施对应的描述环节。试点负面清单行业开列方式应该采用国际投资规则中的不符措施开列方式及描述。②是一个负面清单制度，还是多个负面清单制度？因为是中央试权，因而我们认为应该只有一个自贸试验区的负面清单制度，否则会碰到法律或规则风险。③采用什么限制措施？上海自贸试验区主要采用股权限制的方式，而国际负面清单的发展趋势采用高管限制等其他限制措施，应根据需要选择多样性的限制措施。

b. 自贸区试点是局限在准入前国民待遇还是准入后国民待遇？

以负面清单列表的准入前国民待遇只是负面清单管理制度的一小部分，但仅仅是企业设立阶段的负面清单制度是远远不够的。首先，企业开办只是营商环境的一个环节，企业开办的目的是为了在公平竞争中获利，企业进入市场以后，需要知道哪些是不允许经营的，这样企业可以制定经营战略。与制造业相比较，由于信息与通讯技术的发展，企业进入服务业的路径和门槛发生了根本性变化，因而准入后的不符措施对企业经营而言更加重要。其次，因为准入后负面列表方式涉及行业目前的不符措施和未来的不符措施，因而涉及与行业有关的法律、法规和行政规章等，甚至包括其他行业文件，这些都要求制度按照负面列表的格式进行调整。最后，事中事后监管需要负面列表的全过程，而不是仅仅局限在准入前国民待遇。因此，准入后国民待遇对外商投资制度的改革更有意义。

c. 准入后国民待遇是局部试点还是全部试点？

准入后的负面列表要比准入前复杂许多，因此不可能将全部产业纳入试点范围，也没有必要，试点内容要依据自贸试验区目前的经济形态、我国全球价值链提升（特别是对实体经济的带动）和国际投资新规则发展趋势。信息与通讯技术衍生出来的服务业作为自贸试验区外商投资制度试点主要的服务部门，首先，因为信息与通讯技术衍生出来的服务业不仅处于全球价值链的高端环节，而且改变全球价值链的联结方式，特别是改变了全球技术创新方式，信息与通讯技术在制造业和服务业的应用见表2-13。其次，信息与通讯技术衍生出来新兴服务业所涉及的服务贸易和国际投资规则尚未完全形成，我们可以参与新规则的制定。最后，我国信息与通讯技术领域已经形成一定的竞争能力，有些行业已经成为世界比较领先的行业，这为我国参与国际服务投资新规则的制定提供了基础。

d. 自贸区试点是局限在国民待遇还是扩展到其他投资规则？

国民待遇仅仅是负面列表的一个方面，还涉及许多与投资

表 2-13　信息与通讯技术在制造业和服务业的应用

部　　门	信息与通讯技术如何被应用	影响服务的例子
分销服务	● 消费者和零售商运用的技术正在迅速改变着零售交易； ● 消费者频繁使用个人计算机、智能手机和平板电脑搜索和购买商品及服务； ● 零售商运用数字技术使后端操作更为高效，包括商业物流和针对顾客移动设备端的营销； ● 互联网和云计算金融支付系统广泛使用。	信息与通讯技术改变了零售部门的各个环节，包括营销、配送、销售、客户服务和支付。 互联网技术导致电子商务爆炸式增长，估计全球每年有 8 万亿美元的销售额通过数字渠道。 绝大多数的销售额是由制造和批发分销企业 B2B 模式贡献的。
快递服务	数字化集成软件和设备逐渐渗透： ● 运输管理系统优化制造、零售供应链上的商品流通(海运、空运、陆运)； ● 电子数据交换允许业务信息在公司内外部的计算机之间传输； ● 跟踪技术，如配备了电脑、GPS 和手持上网设备的车辆，因而可以提供实时的供应链信息。	物流涉及一系列促使中间品、产成品和服务高效运转的活动。 互联网技术(综合物流系统及网络)是关键技术，确保每天将数千万件快递迅速、准确地分发到全球。
金融服务	向客户在线提供公司产品和服务信息，使客户获得账户信息，并允许客户进行交易。	网上银行、证券交易和其他金融服务已经普及，改造过去只能面对面的交易服务，给顾客提供极大便利。

（续表）

部　门	信息与通讯技术如何被应用	影响服务的例子
商业服务	专业服务产品可以数字化并网络传输，如法律简报、咨询报告、研发设计、建筑和工程设计等，在国际贸易中所占份额渐增。	数字技术正在改变着专业服务的生产方式，大大提高生产效率，降低成本，并扩大供货范围和速度。数字技术下的专业服务消除了地域限制，因此专业服务可以在全球范围生产、传输。
医疗服务	互联网和云技术越来越多地应用于各种医疗保健程序中，如远程医疗、电子健康记录管理、诊断服务、健康信息门户、记录存储、数据处理和共享、电子转诊及电子处方和医疗转录。	互联网技术正在改变医疗保健的提供方式和患者—医者—保险公司之间的关系。互联网技术带来的一个主要好处是解决了效率低下的两个重要来源：交付碎片化和信息传输差。新技术提供了更高效的信息管理并促进了各方之间的有效沟通。
教育服务	个人电脑或网络移动设备可以轻松访问在线课程，其他教育资源在互联网上也广泛使用。	大型开放式网络课程（MOOCs）是免费的，且在专业网站提供大学课程，是教育部门近来在互联网领域的一次创新。随着几所世界顶尖大学在2011—2012年相继推出公开课网站，MOOCs风靡全球。

资料来源：Irving A.Williamson，Chairman，Daniel R.Pearson，Shara L.Aranoff，Dean A.Pinkert，David S.Johanson，Meredith M.Broadbent，Digital Trade in the U.S. and Global Economies，parts 1，p.xviii，http：//www.usitc.gov/publications/332/pub4415.pdf。

有关的领域，这些规则也应该作为重要的试点内容。例如当地化要求中的数据管制。信息与通讯技术下必然会出现数字贸易，这样数据是否被跨境传输成为重要的商业规则，数据规则主要包括三个方面，数据需要在本地存储、授权或鼓励本地内容和政府采购权优先提供本地数码公司。中国在数字贸易需要什么样的规则，需要从个人隐私保护和国家安全的角度考虑。

表 2-14 数字贸易本地化壁垒举例

主要内容	国　　家	来　　源
数据需要在本地存储	阿根廷、澳大利亚、加拿大、中国、希腊、印度尼西亚、委内瑞拉	BSA，BRT，Cate，Citi
授权或鼓励本地内容	澳大利亚、巴西、中国、印度、部分欧盟国家	USTR，BSA，BRT，MPAA
政府采购权优先提供本地数码公司	巴西、加拿大、中国、印度、尼日利亚、巴拉圭、委内瑞拉	USTR，BRT

资料来源：USTR，2013 National Trade Estimate Report on Foreign Trade Barriers，2013；BSA，"Lockout，" June 2012，9；Motion Picture Association of America（MPAA），"Trade Barriers，" October 15，2012，2；Citi，written submission to the USITC，March 14，2013，2；BRT，"Promoting Economic Growth，" 2012，5—6；Cate，"Provincial Canadian Geographic Restrictions，" 2008，1。

e. 自贸区试点一般行业管制还是特别行业管制？

目前自贸试验区试点以一般行业管制的负面列表为重点，但是在国际投资新规则中，至少包括二个特殊行业，即金融服务、电信服务。 除了一般行业的负面列表试点外，应该将重点放在金融服务和电信服务的试点上。

B. 国际投资自由化试点方向

根据自贸试验区外商投资制度改革的原则，国际投资自由化试点方向主要包括五个方面。

第一，准入后国民待遇的试点。 选择适当制造部门和服务部门，按照国际投资规则和负面清单的列表要求，列出不符措施，调整暂停与这些服务部门不相符合的法律、法规和行政规章制度。

第二，国有企业竞争对立的试点。 从表面看竞争中建立规则剑指国有企业，但从根本上看它是对一个国家经济体制的要求，是对政府与市场间关系的规范，追求的根本目标在于公平竞争。

表 2-15　竞争中立的具体内容

具体要求	表　现　形　式
税收中立	政府不得单独向国有企业提供税收减免
透明度要求	政府有义务公开法律、要求国有企业披露运作成本
限制补贴	政府不得将非营利项目的资金用于补贴国有企业的商业行为
信贷中立	政府不得向国有企业提供低于市场价格的信贷成本
破除股权锁定	政府有义务要求国有企业依市场价格上缴利润
破除垄断	政府不得利用立法手段给予国有企业垄断的法律地位

在自贸试验区建立国有企业信息披露制度可部分借鉴新加坡淡马锡公司的模式。新加坡淡马锡公司作为一家由新加坡政府全资所有的国有资产管理公司，取得不凡的投资收益和成绩。虽然法律上该公司享有免于公开财务报告的豁免权，但2004年起它持续发布《年度报告》公布集团财务概要及投资组合业绩。自贸试验区可制定相关法规构建区内国有企业信息披露制度，披露的具体内容包括：公司章程、业绩概要、财务概要、投资概要、公司治理架构。自贸试验区内可设立查阅点供公众查询国有企业的相关财务状况，并通过区内行政机关的配合及一站式后台服务提供咨询服务，对法律法规要求披露的信息，对公众的咨询提供回应。[①]

第三，行政许可与审批制度试点。目前，我们实行企业登记前置行政许可制度，其中涉及法律的44项，行政法规60项，国务院决定28项，共计132项。可以根据自贸试验区服务业部门开放的特点，选择部分试点，或者权力下放到省级政府部门，或者取消，并建立相应的事中事后监管制度。

第四，国家安全审查试点。自贸试验区在国家安全审查制度试点不是建立一套国家安全审查的制度，而是在某些核心环节和流程制度方面进行制度创新和试点，特别是与ICT有关的国家安全问题的试点。

---

① 沈玉良、李墨丝等：《国际服务贸易新规则研究》，对外经贸大学出版社2014年版，第342—343页。

第五，其他与投资制度有关的试点。主要包括业绩要求、知识产权、透明度、当地成分要求等，这些领域都局限在自贸区有关的服务部门，按照行业部门的要求逐步展开。

C. 与国际投资自由化相匹配的管理规则

中国参与国际投资规则的制定需要完善国家安全审查机制，调整外商投资规则，数据使用规则、国有企业竞争中立规则等国内规则，国家安全审查机制、外商投资规则与国有企业竞争中立规则已经在前面进行了分析，下面我们重点分析国内数据规则。

随着信息和通讯技术的发展，国际投资主体并不仅仅以法人身份出现，还会是外国投资者。企业商业模式也不仅仅通过设立企业的方式，也可以通过跨境交付方式，因而个人和企业数据中的商业规则是国际投资新规则的重要组成部分。自贸试验区从原来面上的外商管理制度向专业特点的商业规则创新转变。

第一，个人和企业数据收集、整理和使用规则。

通过社会信用体系建设、企业年检改成企业年度信息公布制度、建立政府间各部门信息共享平台等，建立包括个人和企业数据的收集、整理和使用规则，形成个人和企业数据隐私规则。要对现有数据收集、整理和使用规则方面的制度进行评估，提出改进方法，并建立相应的制度，成熟以后在国家层面可复制和可推广。

数据一般可以分为个人数据和非个人数据。个人数据是指与已识别或可识别的人或人群相关的数据，欧盟已经整合成背景、身份、内容、资产数据、人际关系、电子档案、健康数据、政府记录、沟通和活动十大领域的数据，是目前世界上个人数据最完善的区域（见图 2-4）。非个人数据主要是企业数据，根据使用数据的不同类型分为五类数据（见表 2-16）。这些数据是发展服务业和服务贸易的基础，也是形成全球服务价值链的基础，只有个人和企业的隐私制度完善了，才能保障数据的跨境传输。

表 2-16　公司使用数据的类型

数据类型	数据示例
企业数据	有关公司的数据，包括财务数据，关于员工和网站的数字汇总。
客户终端数据（企业对消费者、B2C）	有关私人的数据，包括姓名、地址、银行账户、信用报告、电话号码和手机定位。
人力资源数据（HR）	有关雇员的数据，包括姓名、电子邮件、地址、工资和工作能力。
商家数据（企业对企业、B2B）	有关其他公司的数据，包括姓名、地址、联系人、客户注册、网站和金融交易数据。
技术数据	有关产品、服务和技术解决方案的数据，包括这些数据的具体操作。

资料来源：Source：OECD（2013），Exploring the Economics of Personal Data，http：//www.oecd-ilibrary.org/docserver/download/5k486qtxldmq.pdf?expires = 1398545715&id = id&accname = guest&checksum = 2C76715AF6CE7214BB174C2B4320B737。

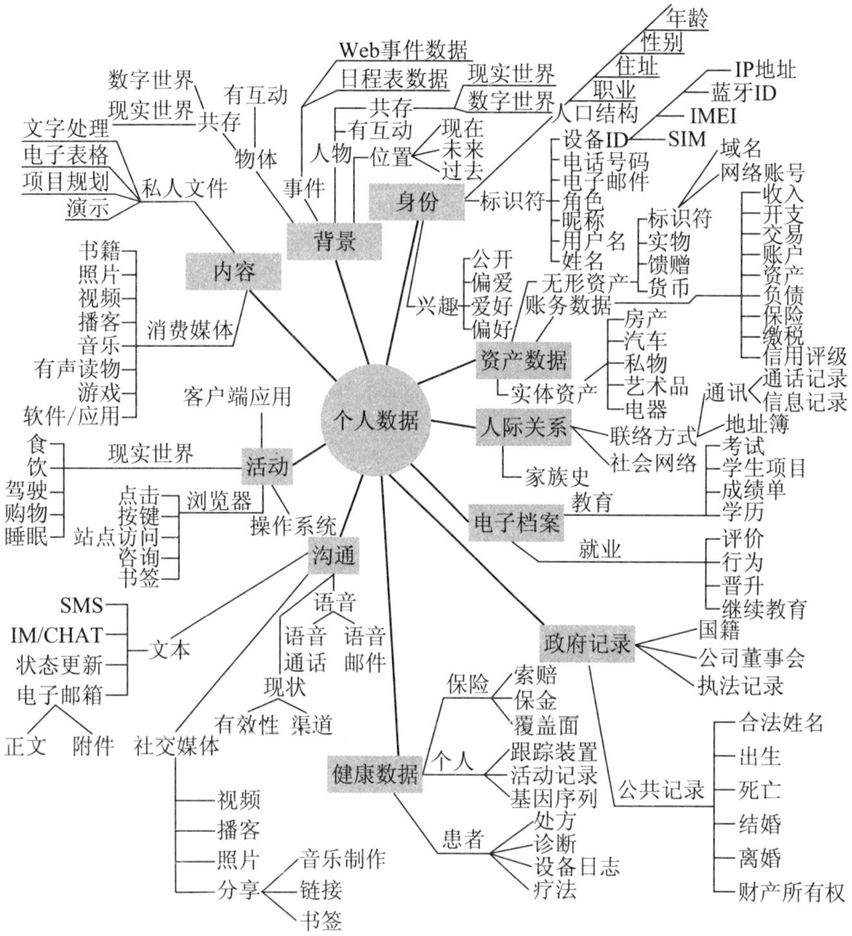

图 2-4　个人数据图

资料来源：OECD(2013)，Exploring the Economics of Personal Data，http：//www.oecd-ilibrary.org/docserver/download/5k486qtxldmq.pdf? expires = 1398545715&id = id&accname = guest&checksum = 2C76715AF6CE7214BB174C2B4320B737。

第二，数据隐私制度。

数据隐私主要包括两个方面的内容，个人隐私和企业隐私。无论是个人隐私，还是企业隐私，尽管内容不同，但是主要包括两个方面的问题，首先哪些个人信息或者企业信息作为个人隐私，其次是数据隐私的国内规则。目前主要有两种模式。一是欧盟模式，欧盟数据隐私指令 EU(The EU Data Privacy Directive)建立了一套标准，要求成员国必须遵守本国的数据隐私法律，标准适用于任何收集网民信息的公司和个人。标准也适用于所有的个人信息，如雇主保存的欧洲雇员的内部人事记录以及欧洲公民的在线旅游网站的预订信息。许多国家仿照欧盟，将用户的所有个人信息纳入保护范围，制定了复杂的数据隐私法律的国家或地区有印度、日本、马来西亚、韩国、中国台湾、新加坡和泰国等。二是美国模式，美国采用“自我管理”的方法，美国只是在敏感行业内对个人数据的收集和使用进行监管，如健康服务业和金融服务业。由于数据隐私的国内规则存在着巨大的差距，因而在跨境数据传输时必然要求严格规定数据隐私一方遵守规则。

经济合作与发展组织(Organization for Economic Cooperation and Development, OECD)和亚太经合组织(Asia-Pacific Economic Cooperation, APEC)都主要集中于发展一套可共享的数据隐私准则。OECD 数据隐私准则制定于 1980 年，是该

组织致力于解决跨境数据流的隐私问题所作的第一个多边努力。《指南》规定了几项关于个人资料的权利，奠定了框架原则，各国政府应遵循保护这些权利的原则，与云计算国际贸易最相关的是第15—18条，第15条是成员国应考虑到国内加工和再出口个人数据对其他成员国造成的影响。第16条是成员国应采取一切合理和适当的措施，以确保个人数据发生跨界流动，包括过境会员国时，是不间断的、安全的。第17条是成员国应该消除与其他成员国在个人数据跨境流动领域的壁垒，除非后者没有服从该指南或者个人数据的再出口会规避其国内的隐私保护法律。成员国也可能对某些类别的个人数据隐私立法施加影响，包括国内针对这些数据性质的具体规定和其他成员国没有提供同等保护力度的法制。第18条是成员国应避免以保护隐私和个人自由之名，制定和实施可能造成数据跨境流动壁垒和过度保护的法律、政策和行为。①

由于在个人隐私保护方面存在着巨大的差异，因而即使在美国和欧盟方面，在跨境数据传输方面也通过签署安全港协议方法，允许两个经济体之间使用个人信息数据，相对而言，美国的需求更加迫切。从1998年开始，美国与欧盟不断进行谈判，试图找到另外一种可以与欧盟《数据隐私保护指令》取得

① OECD, Guidelines on the Protection of Privacy and Transborder Flows of Personal Data, September 23, 1980.

一致的方法。在谈判中，欧盟和美国达成了妥协，签订了《安全港口协定》。这个计划从2000年11月开始生效。安全港的目的是在保护个人数据安全的条件下，允许数据在欧盟成员国和美国之间流动。《安全港协定》对公司申请的程序很严格。(1)美国公司必须每年提交一份自我认证，证明他们是遵守安全港计划的。(2)公司必须制定一个清晰、简洁、个人容易理解的隐私政策。(3)公司必须明确告知个人哪些信息被收集以及如何使用这些信息和给个人退出对其信息的使用和披露的机会。(4)公司必须只向其他能充分信任的组织传输数据，应采取合理的预防措施，通过合理的步骤来保护数据预期用途和对公众开放的安全可靠，创建有效的机制处理个人投诉。[①]到2014年11月，美国一共有4 893家企业获得许可使用欧盟各国的个人信息数据。[②]随着我国电子商务公司和信息技术公司的不断成熟，为美国和欧盟个人和企业直接提供服务的需求越来越大，特别是跨境电子商务的发展，在全国范围跨境数据传输尚未具备条件的情况下，可以通过自贸试验区，仿效美国和欧盟的安全港解决方案，建立跨境数据传输的试点。

第三，跨境数据传输安全制度。

由于信息与通讯技术的发展后改变了服务的生产和贸易方

① 沈玉良、李墨丝等著:《国际服务贸易新规则研究》,对外经贸大学出版社2014年版,第303页。
② 资料来源:http://safeharbor.export.gov/list.aspx。

式，因而出现了新的国家安全，首先是国家安全的内容方面，网络信息安全成为国家安全的重要组成部分，信息与通讯技术的发展，信息的传输从传统的通过国家控制的主流媒体以单向性纸质、电视等传输方式向双向性多渠道的信息传输方式转变，这样不仅影响了对信息真伪的甄别难度，而且会产生国家核心价值观的各种各样噪音。其次，不同主体通过智能产品的信息技术手段自动获取，而这些信息可能包括个人、企业和国家大量的机密，系统安全比网络安全更加复杂和重要，斯诺登事件充分证明信息安全已经成为各国主要的国家安全问题。最后，信息服务提供商都是通过信息离岸服务外包方式，云计算服务外包是信息技术外包的高级信息服务外包，尽管美国云服务供应商说服外国的消费者相信《爱国者法》(PATRIOT Act)强化了美国政府因情报活动而访问数据的能力，但没有必要担心自己的信息会完全暴露给美国政府，但信息是否存在泄露，在技术和规则上能否确保国家安全还需要研究，美国金融服务领域的《格雷姆-里奇-比利雷法》(Gramm-Leach-Bliley Act，GLB Act)和健康服务领域的《健康保险携带和责任法》(Health Insurance Portability and Accountability Act， HIPAA)都同时规定了数据的隐私保护和安全措施。在国际市场进行经营活动的云服务提供商担心政府时常因保障安全产生“膝跳反应”。①

① Rence Berry and Matrhew Reisman(2012), Policy Challenges of Cross-Border Cloud Computing, http://www.usitc.gov/journals/policy_challenges_of_cross-border_cloud_computing.pdf.

3 金融自由化和金融制度创新

金融服务开放和金融制度创新的重要前提是金融风险的防范。上海自贸试验区金融制度创新的关键是在推动金融开放的过程中，形成一套科学、有效的风险防范机制，在促进金融服务于实体经济发展的同时，进一步提升金融监管能力，为推动我国金融体制改革提供先行先试的经验。目前，我国的总体金融发展水平与全球主要发达国家的差距明显，要建设开放度最高的自由贸易试验区，需要了解和掌握全球高标准自贸区关于金融服务规范的最新趋势，为自贸试验区的金融制度创新和金融服务开放提供方向。

(1) 自贸试验区金融制度创新

自贸试验区金融制度创新的关键是，在推动金融服务开放的过程中形成一套科学、有效的金融风险防范机制。根据国务院《中国(上海)自由贸易试验区总体方案》(以下简称《总体方案》)，加快金融制度创新部分的表述可以分为三个部分：第一，在风险可控前提下，可在自贸试验区内对人民币资本项目可兑换、金融市场利率市场化、人民币跨境使用等方面创造条件进行先行先试；第二，探索面向国际的外汇管理改革试点，建立与自贸试验区相适应的外汇管理体制，全面实现贸易投资便利化；第三，鼓励企业充分利用境内外两种资源、两个市场，实现跨境融资自由化。深化外债管理方式改革，促进跨境融资便利化。

因此，基于国务院发布的《总体方案》，自贸试验区制度创新的框架主要包括分账核算体系创新①、跨境融资制度创新和外汇管理制度创新等三大部分（见图 2-5）。其中，分账核算

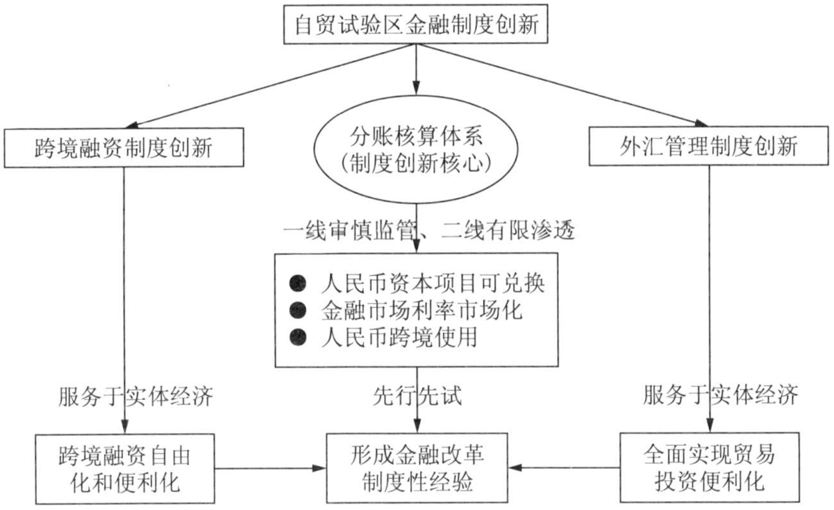

图 2-5　自贸试验区金融制度创新框架和实现路径

① 在国务院《中国（上海）自由贸易试验区总体方案》中表述为："在风险可控前提下，可在试验区内对人民币资本项目可兑换、金融市场利率市场化、人民币跨境使用等方面创造条件进行先行先试"，分账核算系统即是先行先试的一个重要制度创新。

管理体系是自贸试验区金融制度创新的核心，通过分账核算系统实现资金跨境流动的“一线审慎监管、二线有限渗透”，形成一套风险可控的金融审慎管理制度，在自贸试验区内对人民币资本项目可兑换、金融市场利率市场化、人民币跨境使用等方面进行先行先试，为全国金融体制改革提供经验支撑。跨境融资制度创新的目标是在风险可控的前提下，在自贸试验区内实现跨境融资的自由化和便利化，并最终形成可复制推广的制度经验，降低企业的融资成本。外汇管理制度创新的目标是探索面向国际的外汇管理改革试点，建立与自贸试验区相适应的外汇管理体制，全面实现贸易投资便利化。

A. 分账核算体系制度创新

分账核算管理体系的设计框架和运行机制将直接决定自贸试验区制度创新的成效。与境内区外相比，自贸试验区分账核算管理体系在实施主体、实施载体、账户体系、运行特点、实施目标和风险控制等方面都存在显著的差异(见表 2-17)。从某种意义上看，自贸试验区分账核算管理体系是一种金融基础设施建设的创新。

第一，分账核算管理体系基本框架和运行机制。

从分账核算管理体系的基本框架来看，主要通过金融机构的试验区分账核算单元内设立本外币自由贸易账户开展各项业务来实现的。从分账核算管理体系的运行机制看，基本上实

表 2-17　自贸试验区分账核算体系与境内区外的比较

	自贸试验区内	境内区外
实施主体	自贸试验区内符合条件的上海金融机构	所有金融机构
实施载体	分账核算体系 （金融机构需要商业流程再造）	普通核算体系
账户体系	FTE 自由贸易账户	传统业务账户
运行特点	通过分账核算体系在将区内先行先试的金融创新与境内区外市场隔离，形成有限渗透	传统的业务运行方式
实施目标	风险可控前提下推动金融制度和金融服务创新	渐进推动金融开放
风险控制	风险审慎合格评估、监测预警和宏观调控	事前审核批准、逐笔监管等
监管模式	一线审慎监管，二线有限渗透	严格监管，不区分一二线
监管主体	中国人民银行	中国人民银行

资料来源：《中国人民银行上海总部关于印发〈中国（上海）自由贸易试验区分账核算业务实施细则（试行）〉和〈中国（上海）自由贸易试验区分账核算业务风险审慎管理细则（试行）〉的通知》（银总部发〔2014〕46 号）。

现了资金跨境流动的“一线以审慎监管为主线，二线以有限渗透加严格管理为主线”的监管模式。“一线以审慎监管为主线”，即允许企业在金融机构的自贸试验区分账核算单元内设立 FTE 居民自由贸易账户，该账户可以与境外账户的资金实现自由划转（基于宏观审慎原则的前提下），图 2-6 中用实体线条表示；“二线以有限渗透加严格管理为主线”，即 FTE 居民自由贸易账户与境内非自由贸易账户之间的资金流动实行有限渗透管理，以防范金融风险的跨界传递，图中用虚线表示。分账核算体系基本框架和运行机制已经形成一套通过分账核算体系实现境内外资金有限渗透的基本模式，分账核算体系可以形成资金跨境流动的防火墙，从而在推进金融开放和金融市场化过程中有效防范资金跨境流动的风险。

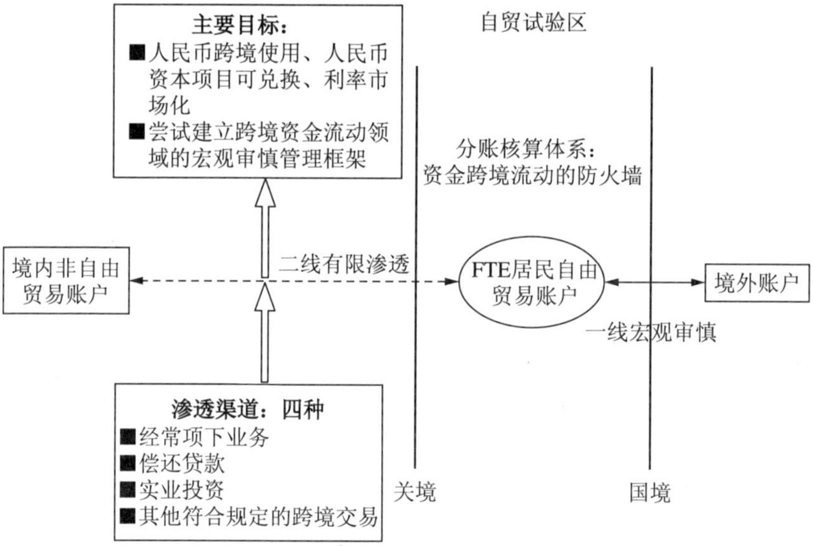

图 2-6　自贸试验区分账核算体系基本框架和运行机制

第二，分账核算体系下金融风险防控机制。

出于金融审慎监管的考虑，有相关业务开展需求的上海市级金融机构需根据中国人民银行上海总部的要求，建立一套内部账务核算体系——自贸试验区分账核算单元(FTU)，专门用于核算自贸试验区自由贸易账户以及投融资汇兑相关等业务。为便于隔离风险，分账核算单元系统与其他业务系统之间保持独立。

分账核算体系下的金融风险防控机制主要从风险审慎合格评估、风险监测预警和宏观审慎调控三个方面得以体现。风险审慎合格评估主要指由中国人民银行上海总部、金融专家和金融行业监管部门共同组成的专业委员会，对金融机构申请分账核算业务的风险审慎合格评估；风险监测预警是指中国人民银行上海总部对分账核算业务的事中监测和管理；宏观审慎调控主要指对中国人民银行上海总部根据自贸试验区自由贸易账户跨境及跨区资金流动情况相机抉择逆向调控(见表2-18)。

总的来看，自贸试验区分账核算体系下金融风险防控机制已经构建一套将区内业务与境内区外业务相互隔离的分账核算体系，系统能够正常运行；形成了一套比较科学、合理的风险评估、监测和调控机制；在运行制度上采用了风险审慎合格评估、风险监测分析与相机抉择下的跨境资金流动逆向调节机制，符合国际上对金融监管的趋势。

B. 跨境融资制度创新

国务院《总体方案》在金融制度创新部分中指出："鼓励企业充分利用境内外两种资源、两个市场，实现跨境融资自由化。深化外债管理方式改革，促进跨境融资便利化。"总体来看，与境内区外相比，自贸试验区的跨境融资制度创新推动了

表 2-18 自贸试验区分账核算体系的金融风险防控机制

目标＼内容	风险审慎合格评估	风险监测预警	宏观审慎调控
主要描述	对金融机构的风险审慎合格评估	中国人民银行上海总部事中监测与管理	中国人民银行上海总部相机抉择逆向调控
监管手段	自评估和专业评估	现场和非现场监测	可变工具
具体方式或流程	● 拟申请分账核算业务的上海金融机构进行内部准备 ● 金融机构按照试验区分账核算管理的审慎合格标准进行自评估 ● 中国人民银行上海总部组织专业评估 ● 评估合格后接入中国人民银行上海总部系统	● 非现场监测：通过系统采集业务数据，建立非现场监测指标体系；资金异常流动的监测预警；对资金异常流动的临时性管制措施 ● 现场检测：持续性动态评估	● 由中国人民银行上海总部针对资本流动的方向和规模实施的逆转性调节工具 ● 对商业银行的事后正向激励和反向约束

资料来源：根据以下文件整理，《中国人民银行关于金融支持中国（上海）自由贸易试验区建设的意见》（银发〔2013〕244 号）、《中国人民银行上海总部关于印发〈中国（上海）自由贸易试验区分账核算业务实施细则（试行）〉和〈中国（上海）自由贸易试验区分账核算业务风险审慎管理细则（试行）〉的通知》（银总部发〔2014〕46 号）。

企业(尤其是内资企业)境外融资的自由化和便利化。同时，与现行国内其他几个区域跨境融资制度创新的比较来看，自贸试验区的跨境融资制度设计最接近市场化。这主要体现在以下几个方面：一是在境外融资额度上，自贸试验区的制度设计将其与实缴资本挂钩，同时实行内外资企业一致的原则，这符合公平竞争原则和国际通行惯例。二是境外融资额度公式中引入了实缴资本杠杆率和宏观审慎政策参数(根据银总部发〔2014〕22号文：区内非银行金融机构/区内企业借用境外人民币资金的上限不得超过实缴资本1.5/1倍宏观审慎政策参数)，便于人民银行根据全国信贷规模进行灵活调整，有利于金融风险的防范与控制。三是自贸试验区的制度创新是基于探索可复制可推广，待时机成熟后将向全国推广，因而对我国金融制度创新有更重要的试点意义(见表2-19)。

表2-19 自贸试验区与全国其他几个地区跨境融资试点的比较

区域 内容	自贸试验区	苏州	深圳	霍尔果斯口岸
背景	探索我国金融制度创新	中国—新加坡金融合作试点	深港现代服务业合作区开发建设	推动中哈合作及人民币在中亚地区的国际化
启动时间	2014年3月	2014年6月	2012年12月	2013年9月
境外融资来源	没有限制	限定为新加坡银行机构	限定为香港经营人民币业务的银行	没有限制

（续表）

内容＼区域	自贸试验区	苏州	深圳	霍尔果斯口岸
境外融资额度	与实缴资本和宏观审慎政策参数挂钩	余额管理	余额管理	没有限制，不受国内外债指标限制
融资去向	区内和境外	苏州工业园区内	用于前海的建设与发展	用于边境合作中心内的项目建设、境外项目建设和与非居民的贸易
是否复制推广	成熟后推广	没有明确复制推广	没有明确复制推广	没有明确复制推广

资料来源：《中国人民银行上海总部关于支持中国（上海）自由贸易试验区扩大人民币跨境使用的通知》（银总部发〔2014〕22 号）、《苏州工业园区跨境人民币创新业务试点管理暂行办法》、《关于印发〈前海跨境人民币贷款管理暂行办法〉的通知》（深人银发〔2012〕173 号）、《中哈霍尔果斯国际边境合作中心跨境人民币创新业务试点管理办法》（乌银发〔2013〕119 号）。

C. 外汇管理制度创新

国务院《总体方案》在“金融制度创新”部分中指出：“探索面向国际的外汇管理改革试点，建立与自由贸易试验区相适应的外汇管理体制，全面实现贸易投资便利化。”与境内区外相比，自贸试验区外汇管理制度创新主要体现在外汇资金池和放宽债权债务管理等方面（见表 2-20）。目前的外汇管理制度创新试点围绕企业需求，推动了企业在经常项下外汇收付业务的便利化，但是离全面实现贸易投资便利化还有较大的改善空间。

表 2-20 外汇管理制度创新的区内、区外比较

创新领域	境内区外	自贸试验区	《总体方案》要求
本外币资金池	成员公司账户单独管理	集中运营管理境内成员单位资金；经常项目下本外币资金集中收付汇和轧差结算	探索面向国际的外汇管理改革试点，建立与自由贸易试验区相适应的外汇管理体制，全面实现贸易投资便利化
放宽债权债务管理	债权债务管理需要严格的行政审批	取消对外担保和向境外支付担保费以及境外融资租赁债权审批	

资料来源：《国家外汇管理局上海市分局关于印发支持中国（上海）自由贸易试验区建设外汇管理实施细则的通知》（上海汇发〔2014〕26 号）。

(2) 金融自由化与金融服务贸易投资新规则

从金融发展的总体水平来看，我国与全球主要发达国家和地区的差距明显，要建设开放度最高的自由贸易试验区，需要对全球高标准自贸区关于金融服务规范的趋势进行分析，为自贸试验区的金融制度创新和金融服务开放提供方向。

A. 我国金融总体发展水平的国际比较

世界经济论坛（WEF）在其最近一期发布的《2012 金融发展报告》中，根据一国金融部门自由化程度将全球 62 个主要国家的总体金融发展水平划分为三个阶段，分别为保守的、过渡期的和自由化的。其中，中国的金融发展属于过渡期阶段。同时，《2012 金融发展报告》中还显示，2012 年中国金融

发展指数的总体得分为4.00分，在全部62个参与排名的国家和地区中，排在第22位，比2011年下降了3位；中国香港、美国、新加坡、英国和澳大利亚分列前五位，日本和韩国分别列第7位和第12位，从得分来看中国总体金融发展水平与这些发达国家和地区的差距明显。

表2-21 2012年中国金融发展指数的国际比较

国家/经济体	2012年排名	2011年排名	2012年得分(1—7)	得分变化
中国香港	1	1	5.31	+0.15
美　国	2	2	5.27	+0.12
英　国	3	3	5.21	+0.21
新加坡	4	4	5.10	+0.14
澳大利亚	5	5	5.01	+0.08
日　本	7	8	4.90	+0.19
韩　国	15	18	4.42	+0.29
中　国	23	19	4.00	−0.12

资料来源：世界经济论坛，“The Financial Development Report 2012”。

从金融发展水平的分项指数来看，在制度环境、商业环境、金融稳定、银行金融服务、非银行金融服务、金融市场和金融准入7个分项中，中国表现最好的是非银行金融服务，得分为4.48分，在入选国家中排在第4位，仅次于美国、韩国和英国；中国表现最差的是商业环境，得分为3.95分，在入选国家中排在第 47 位，相对较差的还有金融市场准入和制度环境，分别列第 41 位和第 35 位。由此可见，导致我国金融总体发展水平相对偏低的原因在于，金融准入开放度不够，以及商业环境和金融制度环境相对较差。

表 2-22 中国金融发展指数的分项得分和排名情况

总体/分项	排名	得分(1—7)
总体发展指数	23	4.00
核心 1：制度环境	35	4.1
核心 2：商业环境	47	3.95
核心 3：金融稳定	20	4.89
核心 4：银行金融服务	17	4.43
核心 5：非银行金融服务	4	4.48
核心 6：金融市场	21	2.98
核心 7：金融准入	41	3.15

资料来源：世界经济论坛，“The Financial Development Report 2012”。

B. 金融服务贸易投资新规则

美国、欧盟作为全球金融发展水平最高的经济体，在其大力推动的双边投资贸易协定中，也重点强调了金融服务部门的开放模式和路径。美韩自贸区协定和欧韩自贸区协定是两个具有典型代表意义的双边投资贸易协定，代表了全球高标准自贸区的发展趋势。鉴于金融服务业在国民经济中的重要性，美韩、欧韩自贸区协定都开辟专门章节对金融服务进行规范，此处主要从金融服务的界定和范围、跨境金融服务、新金融服务、数据处理和传输、审慎措施及审慎措施的认可等几个主要方面，对两大自贸区协定关于金融服务规范的趋势进行比较。

第一，金融服务的覆盖范围。美韩自贸区协定和欧韩自贸区协定对金融服务的范围覆盖范围都非常广，涵盖了原《服务贸易总协定》框架下的四种服务提供模式。相对来说，美韩自贸区协定使用了更为细致的表述，而欧韩自贸区协定的描述则更为笼统。美韩自贸区协定中，明确金融服务章节适用于缔约一方采取或维持的与下列有关的措施：(1)缔约另一方的金融机构；(2)缔约另一方的投资者和该等投资者在位于该缔约方领土内的金融机构中的投资；以及(3)金融服务的跨境贸易。欧韩自贸区协定中，将“金融服务”界定为：缔约一方的金融服务提供者所提供的具有金融性质的任何服务。

第二，跨境金融服务提供。随着ICT技术的迅速发展，金融服务的跨境提供在金融服务贸易中的重要性与日俱增。在美韩自贸区协定中，“跨境金融服务提供”包括：从缔约一方领土内向缔约另一方领土内提供金融服务(类似于《服务贸易总协定》框架下的“跨境交付”)；由缔约一方的人在该缔约方领土内向缔约另一方的人提供金融服务(类似于“境外消费”)；或者缔约一方的国民在缔约另一方领土内提供金融服务(类似于“自然人流动”)。欧韩自贸区协定中对“跨境金融服务提供”没有明确界定。

表 2-23　美韩、欧韩自贸区协定关于金融服务规范的比较

主要内容	美韩自贸区协定	欧韩自贸区协定
金融服务的覆盖范围	(1)缔约另一方的金融机构;(2)缔约另一方的投资者和该等投资者在位于该缔约方领土内的金融机构中的投资;以及(3)金融服务的跨境贸易。	缔约一方的金融服务提供者所提供的具有金融性质的任何服务
跨境金融服务提供	涵盖类似于《服务贸易总协定》框架下的跨境交付、境外消费和自然人流动,但不包含商业存在。	无明确界定
新金融服务提供	单列(第十三章第 6 条)	单列(第七章第 42 条)
数据处理与传输	允许数据处理和在线传输	允许数据处理和在线传输,同时强调应采用充分的保障措施来保护隐私权
审慎措施	(1)保护投资人、存款人、保单持有人,或金融业者对其负有信托责任之人的措施;以及(2)确保金融体系的诚信与稳定的措施。	因审慎起见而采取或维持保护投资人、存款人、保单持有人或金融机构或跨境金融服务提供者对其负有信托责任之人的措施,或确保金融体系诚信与稳定的措施
审慎措施的认可	可通过协调或其他方式实现的认可;可依据有关国家的协定或安排进行;亦可自动给予。	(1)可自动给予;(2)可通过协调或其他方式实现;或(3)可基于与非缔约方的协定或安排

资料来源:美韩自贸区协定、欧韩自贸区协定。

第三，新金融服务提供。鉴于新金融商业模式的创新迅速发展，美韩 FTA 和欧韩 FTA 将新金融服务提供单独列出，但两者对于新金融服务的规范基本相同，即都强调两点：一是各缔约方应在不采取其他立法行为的情况下，允许缔约另一方的金融机构提供其在同类情况下允许本国的金融机构提供的新金融服务；二是缔约一方可确定新金融服务提供的制度形式与司法形式并可要求提供该服务需经过授权；在要求授权的情况下，应在合理的期限内作出决定且仅可因审慎原因拒绝授权。由此可见，美韩自贸区协定和欧韩自贸区协定对于新金融服务的开放度总体比较高。

第四，数据处理与传输。随着 ICT 技术的日新月异，离岸金融服务外包业务规模日益加大，数据处理和传输对金融服务的跨境提供产生重要影响。美韩自贸区协定和欧韩自贸区协定都明确，各缔约方应允许缔约另一方的金融机构以电子形式或其他形式将信息传送到其领土内或其领土外，以在该机构的正常业务过程需要进行数据处理之时进行数据处理。不同的是，在此基础上，欧韩自贸区协定还附加了隐私保护条款，即各缔约方重申其保护个人根本权利与自由的承诺，并应采用充分的保障措施来保护隐私权，特别是在个人数据的传送方面，尤应如此。

第五，审慎措施和审慎措施的认可。为了给金融开放提供更多安全保障，美韩自贸区协定和欧韩自贸区协定都明确了审慎措施条款和审慎措施的认可条款，且内容基本一致。审慎措施主要指保护投资人、存款人、保单持有人，或金融业者对其负有信托责任之人的措施，以及确保金融体系的诚信与稳定的措施。审慎措施的认可，可以通过自动给予，或通过协调或其他方式实现，或基于与非缔约方的协定或安排实现。

(3) 自贸试验区金融自由化与金融服务贸易规则

金融服务开放和金融制度创新是自贸试验区建设的重中之重。未来的试点方向包括：结合全球主要自贸区的发展趋势在自贸试验区内进行试点；在监管模式上，借鉴迪拜DIFC的监管经验，在自贸试验区内设立独立运作的金融服务综合监管机构。此外，通过分账核算体系和自由贸易账户，实现自贸试验区金融创新和境内区外金融市场的空间联动。

A. 新金融和金融服务贸易

随着ICT技术的迅速发展，基于ICT技术产生的大量新金融服务提供已经成为全球主要自贸区协定中关于金融规范的重要条款之一。未来可以在自贸试验区进行新金融开放的试点，根据主要自贸区协定关于新金融条款的规范，一般可以确定新金融服务提供的制度形式与司法形式并可要求提供该服务需经过授权，要求授权的情况下，应在合理的期限内作出决定且仅可因审慎原因拒绝授权。

为此，要对自贸试验区新金融服务试点的半径和范围上进行制度设计，且对审慎原因（如威胁金融体系稳定和国家安全等）的影响因素进行界定，对新金融试点可能带来的金融风险进行提前预测和有效防范。同时，由于ICT技术也促进了跨境金融服务提供，尤其是跨境交付形式金融服务的迅速发展。目前，一行三会关于自贸试验区的支持意见、通知或细则都是针对商业存在形式的服务提供，因此未来的试点范围要逐步涉及跨境交付形式的金融服务，这需要对当地化要求、市场准入的限制、数据隐私和保护的要求、知识产权侵犯、不确定性的法律责任、审查和符合海关要求等方面进行选择性试点。

表2-24　美国企业认为跨境在线业务运作障碍最大的来源地

障碍领域	大型企业	中小型企业
	障碍最大的三个国家（地区）	障碍最大的三个国家（地区）
本地化要求	中国、欧盟、巴西	加拿大、欧盟和中国
市场准入限制	中国、巴西、欧盟	中国、加拿大、墨西哥
数据隐私和数据保护要求	欧盟、中国、加拿大	加拿大、中国、欧盟
知识产权侵犯	中国、欧盟、俄罗斯	中国、加拿大、墨西哥
不确定性法律责任	中国、欧盟、巴西	中国、欧盟、加拿大
审查	中国、欧盟、俄罗斯	中国、加拿大、欧盟
符合海关要求	中国、欧盟、巴西	加拿大、墨西哥、欧盟

资料来源：美国国际贸易委员会（USITC）的企业调研报告，“Digital Trade in the U.S. and Global Economies，Part 2”（USITC），第83页。

B. 金融领域负面清单的试点

首先，建议在自贸试验区试点与美国 BIT 范本方向相同的金融领域负面清单管理制度。国际金融中心建设本身是上海的一个重要方向，而且上海也已经具有金融开放的经济基础，把金融服务部门从负面清单中单列出来，制定金融行业负面清单专章，从金融规范的更高标准和要求出发，将试点范围从市场准入阶段延伸到市场准入后阶段，为中美 BIT 谈判提供试点经验和实践基础。

其次，在外汇转移方面，建议在自贸试验区对部分外商投资企业试点经常项目和资本项目下自由转移制度，可以将试点企业的外汇转移业务统一纳入分账核算体系，进行宏观审慎监管。

最后，在是否适用特殊争端解决程序方面，目前对这方面进行试点的基础还不成熟（这是因为我国现行金融监管措施与国际标准不完全一致，一旦适用 P2G 国际仲裁，可能危及我国金融体系和金融安全），因此未来在自贸试验区的金融监管上要尽快与国际标准和惯例接轨，这些国际规则包括“巴塞尔委员会有效金融监理主要原则”、“IAIS 保险核心原则与方法”、“IOSCO 证券管理之目标及原则”等，待时机成熟后再择机在自贸试验区进行适用特殊争端解决程序的试点。

C. 建立适合金融创新的监管机构

创建于2004年的迪拜金融自由贸易区(DIFC),致力于通过金融服务自由化推动迪拜国际金融中心建设,经过近十年的发展取得巨大的成功。根据英国《金融时报》FDI杂志对全球数百个自由贸易区的定量评价,阿联酋DIFC的排名为全球第二位。在监管方面,DIFC的经验值得借鉴。DIFC的管理框架是,DIFC最高领导办公室下设三个独立运作的部门,分别是DIFC司法局、DIFC金融服务监管局和DIFC综合管理局。从经济活动的管理权限划分来看,DIFC将金融监管与其他业务监管分离,成立了专门的金融服务监管局(DFSA)。金融服务监管局的主要职责权限包括:制定金融监管框架、金融服务及相关活动的授权、许可和注册、监管DIFC内的金融服务和相关活动、市场行为的监管、调查和执行等。金融服务监管局的权限来自法律的授权,即2004年迪拜《监管法》(DIFC 1号法律)。

从自贸试验区的金融监管来看,许多金融制度创新措施的实施需要多个部门来协同推进,以《关于金融支持中国(上海)自由贸易试验区建设的意见》(简称“央行30条”)为例,虽然该文件由中国人民银行一家监管机构发布,但是真正要推动文件中最重要的第三部分“探索投融资汇兑便利”,还需要中国证监会、中国保监会、中国银监会、国家外汇管理局、国家

表 2-25 迪拜金融自由贸易区(DIFC)管理框架

迪拜金融自由贸易区(DIFC)最高领导办公室		
DIFC 司法局	DIFC 金融服务监管局(DFSA)	DIFC 综合管理局
职责权限(独立运作)	职责权限(独立运作)	职责权限(独立运作)
■ 管理和促进 DIFC 内商业和公众的公平 ■ 判决与 DIFC 有关的商业实体的索赔和争议 ■ 根据需要成立和运作审理委员会	■ 制定金融监管框架 ■ 金融服务及相关活动的授权、许可和注册 ■ 监管 DIFC 内的金融服务和相关活动 ■ 市场行为的监管 ■ 调查和执行	■ 制定 DIFC 内所有发展战略和政策(金融监管政策除外) ■ 负责 DIFC 内公司注册设立 ■ 制定 DIFC 内非金融服务活动的法律 ■ 商业发展和营销等

资料来源：PricewaterhouseCoopers(PwC), Doing Business in the Dubai International Financial Centre, p.11。

发改委等多个部门的协同推进，否则单个部门根本无法完成，制度创新的实施效果将大打折扣。为此，我们建议借鉴阿联酋 DIFC 的监管经验，在自贸试验区内成立独立的金融服务监管机构，由中央银行、中国证监会、中国保监会、中国银监会、国家外汇管理局等多个部门的派出机构一同组成，并通过法律授权的形式，给予该机构在自贸试验区内金融服务活动的许可、监管等权限，确保其独立运作，单一部门的金融监管模式必然会大幅提高自贸试验区金融制度创新和金融监管的效率。

D. 实现自贸试验区内外金融联动

自贸试验区分账核算体系的基本框架已经建成，而且企业通过自由贸易账户的业务开展也已经正常运行。未来的方向是，要把自贸试验区这套创新的金融基础设施更好地利用起来，将更多的金融创新业务通过自由贸易账户与境内区外金融市场的业务进行有机联动。一方面，要对下一步即将纳入自由贸易账户的跨境投融资汇兑业务进行压力测试，通过压力测试确定不同业务向境内区外普通银行结算账户渗透和延伸的力度和广度，真正发挥试验区金融制度创新的试点和示范效应；另一方面，在自贸试验区内国际版黄金合约和国内现货黄金市场联动的基础上，进一步在其他领域推动区内外的互动，尤其是要推动自贸试验区大宗商品现货交易与上海期货市场之间的联动，进一步拓展和强化自贸试验区的金融服务功能。

(4) 金融自由化和金融制度创新的路径：四地自贸实验区各有侧重

随着我国经济参与全球化程度的不断加深，资本项目管制的弊端日益显现，不仅企业在全球化经营的过程中提出了资本项目进一步开放的需求，同时人民币国际化作为一个重要的国家战略，也需要资本项目开放作为重要的基础条件。因此，未来资本项目的开放是我国金融自由化的核心。

根据 IMF 关于资本项目管制的分类（以交易工具类型、交易主体和交易方向等为分类标准），共分成 7 大类 40 项。这 7 大类包括：（一）对资本市场和货币市场工具交易的管制；（二）对金融衍生品和其他工具交易的管制；（三）对信贷交易的管制；（四）对直接投资的管制；（五）对直接投资清算的管制；（六）对房地产交易的管制；（七）对个人资本交易的管制。

上述七大类资本项目类别的开放面临不同程度的风险，从金融开放的路径上看，应根据不同业务可能产生的风险程度归类，先开放金融风险相对较低的业务，再逐步开放中、高风险的业务。显然，与实体经济有关的，有真实贸易背景的金融交易业务应率先开放。中国人民银行调查统计司课题组（2012）对我国资本项目开放的风险和路径进行了分类和界定，如表 2-26 所示。

表 2-26 我国资本项目开放的路径选择

资本账户	风险性	开放阶段选择
货币市场工具	衍生的需求，风险大	Ⅳ
金融机构信贷	衍生的需求，风险大	Ⅳ
债券类证券	与真实经济需求相关，风险中	Ⅲ

（续表）

资本账户	风险性	开放阶段选择
股票类证券	与真实经济需求相关，风险中	Ⅲ
商业信贷	与真实经济需求相关，风险较低	Ⅱ
个人资本交易	监管难度大，风险大	Ⅳ
不动产交易	与真实经济需求相关，风险中	Ⅲ
直接投资及清盘	与真实经济需求相关，风险较低	Ⅰ
集合投资类证券（如基金、信托）	监管难度大，风险大	Ⅳ
担保、保证等融资便利		
衍生及其他工具		

注：引自中国人民银行调查统计司课题组：《我国加快资本账户开放的条件基本成熟》，2012年2月23日；备注1：开放阶段Ⅰ、Ⅱ、Ⅲ、Ⅳ分别为短期安排、中期安排、长期安排和未来安排；备注2：根据相关文献，整理资本账户各细项的风险性，相应确定开放路径。

为了尽可能地控制开放带来的金融风险，国家需要通过已经批准设立的四个自贸试验区共同试点来逐步进行开放。四地自贸试验区金融自由化应各有侧重点。上海自贸试验区最早设立并且已运行超过一年，在金融开放的过程中已经形成了一套比较成熟的风险防控体系，因此应充分利用分账核算体系和自由贸易账户的功能进行金融开放和金融创新。广东自贸试验区和福建自贸试验区金融自由化的重点是对接港澳台，基于 CEPA、ECFA 协议开展对港澳台金融开放的试点。天津自贸试验区则应发挥其作为北方制造中心的优势，重点围绕融资租赁、私募股权基金、商业保理等产业进行金融开放试点和金融制度创新。

A. 上海自贸试验区：基于自由贸易账户体系的金融自由化

上海自贸试验区应通过分账核算体系和自由贸易账户体系作为金融风险测试的工具和平台，根据服务于实体经济、风险较低业务率先开放的原则，设计金融开放的路径，具体来看可以分为三个阶段。

第一阶段，开放直接投资、境外融资业务，这些业务有真实的投资需求且开放的风险较低。具体来说，从流量看，我国已成为全球第三大对外直接投资大国，企业存在大量真实的对外投资需求，开放面临的风险较低，可以在全国范围内开放。同时，境外融资业务与实体经济直接相关，当前国内企业融资成本居高不下的问题日益凸显，从事实体经济企业的利润空间大受挤压，国际市场上的融资成本明细低于国内市场，企业有从境外融资的内在需求；从开放的风险来看，试验区自由贸易区账户体系可以通过限定境外融资去向的范围，从而控制风险，同时通过压力测试逐步扩大境外融资的规模，当前已开放了本币的境外融资业务，但尚未纳入外币融资。

第二阶段，开放股票类和债券类投资业务，这些业务与实体经济有关，开放面临的风险中等。股票类和债券类投资业务与实体经济有一定的相关性，不过国内的证券市场发展不太成熟，呈现“重投机、轻投资”的局面，因此开放过程中面临一定的风险。不过，通过自贸试验区的分账核算体系和自由贸易账户体系，可以实现投资规模的总量控制，从而将风险控制在既定的范围之内，风险测试也可以为股票类和债券类投资业务在全国范围内开放提供试点基础和平台。

第三阶段，开放境外衍生品投资和个人跨境投资业务。国内的金融衍生品工具发展严重滞后于国际市场，国内从事实体经济的企业对境外衍生品的投资有潜在的需求，但是开放企业境外衍生品投资面临较高的风险，需要通过自贸试验区自由贸易账户谨慎试点，逐步放开投资的规模。从个人跨境投资业务来看，以个人为主体的投资行为往往具有不确定性，从监管的角度看因无法提前做出预测而增加监管的难度，从而增加开放的风险，因此也需要通过自贸区的居民自由贸易账户实行额度控制，通过试点逐步开放。

B. 广东、福建自贸试验区：对接港澳台为主的金融自由化

广东自贸试验区和福建自贸试验区要充分利用其与港澳

台经济紧密合作的优势，基于CEPA、ECFA协议开展对港澳台金融开放的试点。从试点的内容看，可以选择股票类和债券类证券（包括非居民购买境内股票、债券；非居民到境内发行或出售股票、债券；居民购买境外股票、债券；居民到境外发行或出售股票、债券）、贸易信贷（包括与国际商品和服务贸易相关的信贷活动）、不动产交易（包括居民在境外购置、非居民在境内购置、非居民出售境内房产）等几个与实体经济有关的且风险相对不高的业务，先行对港澳台居民进行开放试点，通过试点经验逐步推动我国金融自由化进程。

C. 天津自贸试验区：以融资租赁等为主的金融制度创新

天津自贸试验区金融制度创新具有重要的区位和产业优势。从区位上看，天津毗邻金融总部云集的北京，北京的金融要素集聚可以辐射到天津；从产业上看，天津作为北方重要的制造中心，在发展融资租赁、私募股权基金、商业保理等与实体经济联系紧密的金融服务业方面有重要的产业基础。天津自贸试验区可以围绕这些重点产业发展过程中的外汇管理、融资渠道等方面进行金融制度创新。

附录 1　IMF 对资本项目管制的分类

大类	项	管制内容	备　　注
一		对资本市场和货币市场工具交易的管制	
		资本市场工具	
		股票类证券	
	1	非居民购买境内股票	
	2	非居民到境内发行或出售股票	
	3	居民购买境外股票	
	4	居民到境外发行或出售股票	
		债券类证券	
	5	非居民购买境内债券	
	6	非居民到境内发行或出售债券	
	7	居民购买境外债券	
	8	居民到境外发行或出售债券	
		货币市场工具	
	9	非居民购买境内货币市场工具	
	10	非居民到境内发行或出售货币市场工具	
	11	居民购买境外货币市场工具	
	12	居民到境外发行或出售货币市场工具	
		集体投资证券	包括对共同基金、信托投资等集体投资性机构的份额证明等
	13	非居民购买境内集体投资证券	
	14	非居民到境内发行或出售集体投资证券	

（续表）

大类	项	管制内容	备　　注
	15	居民购买境外集体投资证券	
	16	居民到境外发行或出售集体投资证券	
二		对衍生品和其他工具交易的管制	
	17	非居民购买境内衍生品和其他工具	
	18	非居民到境内发行或出售衍生品和其他工具	
	19	居民购买境外衍生品和其他工具	
	20	居民到境外发行或出售衍生品和其他工具	
三		对信贷的管制	
		贸易信贷	包括与国际商品和服务贸易相关的信贷活动
	21	居民向非居民提供	
	22	非居民向居民提供	
		金融信贷	指贸易信贷之外的各类信贷
	23	居民向非居民提供	
	24	非居民向居民提供	
		担保	
	25	居民向非居民提供	
	26	非居民向居民提供	
四		对直接投资的管制	

（续表）

大类	项	管制内容	备　注
	27	对外直接投资	
	28	来境内直接投资	
五	29	对直接投资清算的管制	
六		对不动产交易的管制	
	30	居民在境外购置	
	31	非居民在境内购置	
	32	非居民出售境内房产	
七		对个人资本账户交易的管制	
		贷款	
	33	居民向非居民提供	
	34	非居民向居民提供	
		礼品、捐助、继承物和遗产	
	35	居民向非居民提供	
	36	非居民向居民提供	
	37	移民清算境外债务	
		资产转移	
	38	向境外移民	
	39	向境内移民	
	40	博彩和奖品收益转移	

资料来源：Annual Report on Exchange Arrangements and Exchange Restrictions，IMF；FOST。

附录2　中国资本项目管制概况（截至2011年6月30日）

大类	项	管制内容	是否管制	备　　注
一		对资本市场和货币市场工具交易的管制	是	
		资本市场工具	是	
		股票类证券	是	
	1	非居民购买境内股票	是	QFII可投资A股，限制条件：(1)QFII须五年，基金、保险公司、其他机构投资者(养老保险基金，信托公司，政府投资管理公司，等)30年，证券公司；最近一年内，管理资产规模不低于50亿美元，基金管理公司和保险公司；不低于100亿美元，对商业银行、证券公司，过去三年没有重大违规记录。
	2	非居民到境内发行或出售股票	是	非居民可以出售A股和B股。没有限制非居民发行A股和B股。但是，目前尚无非居民在中国发行A股或B股。
	3	居民购买境外股票	是	经SAFE核实资金来源并批准境外付款后，境内企业可以回购自己在境外发行的股票。经批准，保险公司可到境外市场投资股票，投资额不得超过上年资产的15%。经批准，有资格的基金管理公司和其他证券管理机构可以联合国内机构或个人所有的外汇基金进行投资，包括股票投资。QDII，包括银行、基金管理公司、证券公司、保险公司，可以按规定和各自外汇配额，购买股票和其他投资工具。

（续表）

大类	项	管制内容	是否管制	备　注
	4	居民到境外发行或出售股票	是	境外上市的、外资合资企业到境外发行股票，须经 CSRC 事先批准。 由国内投资人控制的境外上市企业依情况向 CSRC 事先申请，或向 CSRC 事后备案。
		债券类证券	是	
	5	非居民购买境内债券	是	QFII 可投资于经 CSRC 同意上市交易的股票、债券、基金份额、权证和其他金融工具。 自 2009 年 9 月 29 日起，单个 QFII 投资上限由 8 亿美元提高到 10 亿美元，养老基金、保险、开放式基金的中长期投资的资本金锁定期由 6—12 月降到 3 个月。
	6	非居民到境内发行或出售债券	是	经 MOF、 PBC、 NDRC、 CSRC、 SAFE 批准，国际开发机构可发行人民币债券，募集资金优先用于中国境内建设项目。 除此之外，尚无非居民在中国境内发行人民币债券的先例。 境内的外资企业可发行债券。
	7	居民购买境外债券	是	经 CIRC 批准，保险公司可购买符合评级要求的外国债券。 合格银行可筹集国内机构和个人持有的人民币和外汇，到境外购买固定收益产品。 自 QDII 制度实施以来，银行、基金管理公司、证券公司、保险公司获准按自己外汇配额和监管要求，到境外购买股票和其他投资工具。 自 2009 年 9 月 29 日起，QDII 经证券交易商汇往境外用于购买国外证券的资金额不得超过批准的投资限额。

（续表）

大类	项	管制内容	是否管制	备　　注
	8	居民到境外发行或出售债券	是	到境外发行一年期以上债券，须向 NDRC 提出申请。NDRC 全同 SAFE 和其他部门联合审查申请，并报国务院批准。
		货币市场工具	是	
	9	非居民购买境内货币市场工具	是	QFII 可购买货币市场基金。 QFII 不可以直接参与银行间外汇市场交易。
	10	非居民到境内发行或出售货币市场工具	是	非居民不可以出售或发行货币市场工具。
	11	居民购买境外货币市场工具	是	经 CIRC 批准，保险公司可购买符合评级要求的外国货币市场工具。 合格银行可筹集国内机构和个人持有的人民币和外汇，到境外购买固定收益产品。 QDII(银行、基金管理公司、证券公司、保险公司)可按自己外汇配额和监管要求，购买符合要求的债券和其他债务工具。
	12	居民到境外发行或出售货币市场工具	是	经 SAFE 同意，居民可到境外发行一年期以内的债券、商业票据等货币市场工具。
		集体投资证券	是	
	13	非居民购买境内集体投资证券	是	QFII 可投资国内封闭式和开放式基金。

（续表）

大类	项	管制内容	是否管制	备　注
	14	非居民到境内发行或出售集体投资证券	是	不允许
	15	居民购买境外集体投资证券	是	经 CIRC 批准，保险公司可购买符合评级要求的外国证券。 合格银行可筹集国内机构和个人持有的人民币和外汇，到境外购买固定收益产品。 QDII（银行、基金管理公司、证券公司、保险公司）可按自己外汇配额和监管要求，购买境外股票和其他投资产品。
	16	居民到境外发行或出售集体投资证券	是	经 SAFE 同意，居民可到境外发行集体投资证券。
二		对衍生品和其他工具交易的管制	是	
	17	非居民购买境内衍生品和其他工具	是	不允许
	18	非居民到境内发行或出售衍生品和其他工具	是	不允许
	19	居民购买境外衍生品和其他工具	是	经 CBRC 批准，受 CBRC 监管的金融机构可以买卖衍生工具，用于以下目的：(1)对冲资产负债风险；(2)盈利；或(3)向客户提供衍生品交易服务。 在首次参与复杂衍生工具首发交易前，相关金融机构须向监管部门提交材料，并征求意见。 参与外汇、股票、商品衍生工具交易的金融机构须遵从 SAFE 和其他监管部门的规定。 当金融机构能够自主控制风险时，金融机构可参与国内黄金期货交易。

（续表）

大类	项	管制内容	是否管制	备注
	20	居民到境外发行或出售衍生品和其他工具	是	适用有关购买的规定。
三		对信贷的管制	是	
		贸易信贷	是	
	21	居民向非居民提供	是	经 CBRC 批准的金融机构可从境外机构贷款，或借贷给境外机构。 经 SAFE 批准，跨国经营的居民企业可直接向境外关联企业贷款，也可安排境内银行向其境外关联企业贷款。 经 SAFE 批准，获 CBRC 授权的金融机构可向境外发放贷款。 2010 年 5 月 23 日起，贸易信贷项下预付货款基础比例从 30%提高到 50%。
	22	非居民向居民提供	是	向国内机构提供一年期以上境外商业贷款的，须事先获得 NDRC 批准。 经授权，从境外借款的金融机构，其借款期限是一年或一年以内，不得超出 SAFE 批准的限额。 特定交易不须审查和批准。 所有从境外的贷款均须向 SAFE 备案。 进行境外投资的国内银行不得将境外债券投资收益转换成人民币，不得购买外汇偿还这些债券。 设有备案管理系统，用于居民和非居民间的贸易信贷。 其目的：(1)出口的预收款；(2)进口延迟付款；(3)进口预付款；(4)出口延迟收款。 外资企业的中长期外债和短期外债余额不得超过总投资和资本金额之差。 总投资是按合资合同和公司章程规定，应安排的基建投资和营运资本。 在此额度内，从非居民处贷款不需要批准，但须备案。

（续表）

大类	项	管制内容	是否管制	备　注
		金融信贷	是	经 CBRC 批准的金融机构可从境外机构贷款，或向境外借款。跨国经营的居民企业可直接向境外关联企业贷款，也可安排境内银行向其境外关联企业贷款。
	23	居民向非居民提供	是	经 SAFE 批准，获 CBRC 授权的金融机构可向境外发放贷款。
	24	非居民向居民提供	是	
		担保		
	25	居民向非居民提供		SAFE 对境内银行提供融资性对外担保实行余额管理；对非银行金融机构和企业提供对外担保以逐笔核准为主，具备一定条件的可以实行余额管理。银行提供非融资性对外担保，其被担保人或受益人至少有一方应为在境内依法注册成立的法人，或至少有一方应为由境内机构按照规定在境外设立、持股或间接持股的机构。
	26	非居民向居民提供	是	外资企业向境内金融机构贷款时，可由境外机构提供担保。
四		对直接投资的管制	是	设有三层分类系统，界定了鼓励类、限制类和禁止类项目。

（续表）

大类	项	管制内容	是否管制	备　注
	27	对外直接投资	是	自2009年8月1日起，对用于境外投资的外汇来源审查由事先审查改为事后备案，投资所需资金汇往境外时不再审批。经SAFE批准，在境外项目正式启动前的准备阶段，国内机构可以将项目投资所需资金的一部分汇出。国内机构可以运用多种资产进行对外直接投资，包括自有外汇、从国内获得的外币贷款、用人民币换汇、有形和无形资产以及境外利润。经SAFE批准，在境外项目正式启动前的准备阶段，国内机构可以将项目投资所需资金的一部分汇出。对投资所需外汇资金来源的审核，委托地方机构进行。SAFE分支机构可审核1 000万美元以上直接投资。境内企业对外直接投资，没有外汇限额限制。允许境内投资者购买外汇对外直接投资。境内机构经境外直接投资主管部门核准，使用人民币资金通过设立、并购、参股等方式在境外设立或取得企业或项目全部或部分所有权、控制权或经营管理权等权益的行为。境内机构可以将其所得的境外直接投资利润以人民币汇回境内。自然人尚不可以对外直接投资。
	28	来境内直接投资	是	符合来华投资法律法规要求，获得商务部门批准的非居民可来境内投资。超过5万美元的FDI资本金换成人民币时，需要出示投资方的书面付款证明。

（续表）

大类	项	管制内容	是否管制	备　注
五	29	对直接投资清算的管制	是	来华直接投资，在经营期限到期前，进行清算，需获得原设立批准机构的同意，或者是经法院判定。 清算时，为汇回境外投资者的资金而进行的购汇，需要经 SAFE 批准。 境内机构因境外投资企业增资、减资、转股、清算等人民币收支，可凭境外直接投资主管部门的核准文件到银行直接办理人民币资金汇出入手续。
六		对房地产交易的管制	是	适用直接投资的有关规定。
	30	居民在境外购置	是	政策上不允许，但事实上已经存在。
	31	非居民在境内购置	是	非居民购买商住房须符合实际需要和自用的原则。 银行可直接结算非居民个人购房的外汇。 自 2010 年 11 月 4 日起，境外个人在境内只能购买一套用于自住的住房；在境内设立分支、代表机构的境外机构只能在注册城市购买办公所需的非住宅房屋。
	32	非居民出售境内房产	是	经 SAFE 批准，非居民个人可用出售房产所得购汇并汇往境外。
七		对个人资本交易的管制	是	
		贷款	是	

（续表）

大类	项	管制内容	是否管制	备　　注
	33	居民向非居民提供	是	
	34	非居民向居民提供	是	
		礼品、捐助、继承物和遗产	是	
	35	居民向非居民提供	是	向境外近亲属提供帮助时，经出示有效文件，可向银行购汇不超过5万美元。超出限额的，需出示文件，证明确需较大金额。个人出示身份证明，即可通过银行向外汇出其外汇账户的外汇，额度为至多相当于5万美元。汇款额度超过5万美元的，须确认经常账户下可以进行相应汇款。个人出示身份证明，即可通过银行向外汇出外汇现金，额度为至多相当于1万美元。现金汇款额度超过1万美元的，须确认经常账户下可以进行相应汇款，还须持有海关签章的报关表或汇款人个人取款的银行凭单。境外及港澳台地区的继承人，可将继承财产汇出。
	36	非居民向居民提供	是	凭个人有效身份证件，居民个人可通过银行结算遗赠和不动产外汇收入，每年限额5万美元。若超出限额，须出示有关公证或协议文件。若为遗赠收入，结算汇款时需出示个人身份证明和相关法律文书。

（续表）

大类	项	管制内容	是否管制	备　注
	37	移民清算境外债务	n.a.	
		资产转移	是	
	38	向境外移民	是	退休金和养老金可以汇出。自然人移居国外或港澳地区，在获得移民身份前，可清算境内资产、购汇并汇出。若需转移20万元以上资产，则需提交一次性转移所有资产的申请，而资产则分批汇出。
	39	向境内移民	n.a.	
	40	博彩和奖品收益转移	n.a.	

资料来源：Annual Report on Exchange Arrangements and Exchange Restrictions，IMF；SAFE；FOST。转引自“资本项目开放现状和政策动向”，FOST 专题报告，2011 年 7 月 28 日。

4 贸易便利化与货物监管制度创新

国务院发布的《中国(上海)自由贸易试验区总体方案》(国发〔2013〕38号)明确指出:“试验区经过两至三年的改革试验，要力争建设成为具有国际水准的投资贸易便利、货币兑换自由、监管高效便捷、法制环境规范的自由贸易试验区，为我国扩大开放和深化改革探索新思路和新途径，更好地为全国服务。”可见，探索高效便捷的货物监管制度创新，不断改善和提升贸易便利化水平，是中国(上海)自由贸易试验区建设的重要任务之一。

我国现行贸易监管制度最大的弊端在于，货物通关各环节的职能部门监管实行封闭式运作，各部门间缺乏即时、有效沟通，使得货物通关环节的前后衔接不够通畅，最终导致货物整体通关效率低下，通关时间较长。建设“国际贸易单一窗口”是破解贸易监管各部门信息交流不畅的重要手段，因此也是自贸试验区货物监管改革创新的最终目标。在自贸试验区试点建设“国际贸易单一窗口”，有利于从根本上解决现行口岸管理部门林立、通关环节众多、执法平台封闭运作等突出问题，破解货物通关运作中存在的体制机制性障碍，通过试点建设在全国范围形成可复制推广的制度经验，为推动我国货物监管制度的重大改革提供支撑。

(1) 我国贸易便利化水平现状与国际比较

目前，通过提升贸易便利化水平降低贸易成本，促进经济增长，已经成为世界各国的基本共识。许多学者的实证研究表明，贸易便利化水平的提升将显著促进双边和多边贸易流量的增加（Wilson，Mann，and Otsuki，2003；Iwanow and Kirkpatrick，2007；Felipe and Kumar，2012等），进而通过进出口贸易的传导最终促进相关国家总体福利水平的提高（Dee，1998；Francois，2003；Fox et al.，2003等）。正因为此，在WTO等国际组织的主导下，全球各国不遗余力地推动贸易便利化进程，于2013年12月召开的WTO第九届部长级会议达成一揽子协定，其中最关键的部分是贸易便利化的相关条款。这是WTO成立以来首次谈判的议题，旨在简化进出口贸易流程，减少贸易壁垒，以降低贸易成本，贸易便利化协议有望在2015年7月31日前正式生效。

贸易便利化有广义和狭义之分。而广义的贸易便利化，是指通过简化程序、增强透明、统一标准、完善规范、减少限制等一系列措施，降低国际贸易活动中的交易成本，从而促进货物和服务的自由流动，这里几乎涵盖了国际贸易全过程中所有可以使货物流动更加便利的措施(OECD， 2003)。世界经济论坛(WEF)定期出版的《全球贸易促进报告》(The Global Enabling Trade Report)所统计的贸易促进指数，较全面地反映了一国贸易便利化的程度。该指数具体包括：市场准入、边境管理、运输与通信基础设施和经商环境等四个子指数，此处的贸易促进指数在内涵上属于广义上的贸易便利化指数。

而狭义的贸易便利化仅指货物进出口贸易涉及的程序和手续的便利化(UNCTAD，1969)，其主要强调商品在进出口通关过程中的便利化程度。本书中所讨论的贸易便利化，属于狭义上的贸易便利化范畴。世界银行在《全球营商环境报告》(Doing Business Report)中构建的“跨境贸易”指标，是国际上度量一国通关贸易便利化水平的权威指标。该指标体系包括六个指标，分别是出口文件数、出口时间、出口成本、进口文件数、进口时间、进口成本，世界银行根据六个指标分别计分，最后得分为六个指标的算术平均数。

世界银行《全球营商环境报告》中的“跨境贸易”指标之所以成为评价一国贸易便利化的权威指标，其中一个重要原因在于数据结果的国际可比性。从政府层面看，许多国家将

表 2-27 世界银行关于“跨境贸易”的指标评价体系

量化指标	指标权重	指标说明
出口文件（个）	1/6	每一批出口货物所需的文件总数。政府部委、海关部门、港口和集装箱码头管理部门、卫生和技术控制部门以及银行审批所需的文件均纳入考虑。
出口时间（天）	1/6	为出口货物办理所有必要手续所需时间。如果某项手续可以加急办理，则会选择最快捷的法律手续。
出口成本（美元/箱）	1/6	与出口货物必办的所有手续相关的成本，包括文件编制成本、海关审批和技术控制方面的管理费用、海关中介费、港口和码头装卸费以及内陆运输费等。
进口文件（个）	1/6	每一批进口货物所需的文件总数。政府部委、海关部门、港口和集装箱码头管理部门、卫生和技术控制部门以及银行审批所需的文件均纳入考虑。
进口时间（天）	1/6	为进口货物办理所有必要手续所需时间。如果某项手续可以加急办理，则会选择最快捷的法律手续。
进口成本（美元/箱）	1/6	与进口货物必办的所有手续相关的成本，包括文件编制成本、海关审批和技术控制方面的管理费用、海关中介费、港口和码头装卸费以及内陆运输费等。

注：《全球营商环境报告》汇编了标准化海运货物进出口的时间和成本（不包括关税），记录了完成货物进出口官方程序所需要的时间和成本。海运时间和成本不含在内。此外，《全球营商环境报告》还记录了贸易商从事货物进出口所需要的所有单证。货物出口程序包含从货物在仓库进行包装到货物离开出口港的整个过程。货物进口程序包含从船舶抵达入境口岸到货物在仓库的交付。采用信用证付款，信用证签发或告知所需的时间、成本和单证考虑在内。跨国贸易便利度排名为其构成指标百分比排名的简单平均值。当地货运代理、船运公司、报关行、港口官员和银行提供有关完成每套程序所需的文件、成本以及时间的信息。为了使不同经济体的数据具有可比性，对企业及贸易货物作出了几项假设。

"跨境贸易"指标的得分及国际排名变动情况，作为评价该国贸易便利化总体水平与贸易便利化工作进展的重要参考指标。从企业层面看，许多跨国公司也将该指标作为其在东道国进行投资、贸易战略决策的重要参考。

最近，世界银行发布的《2015 全球营商环境报告》显示，全球贸易便利化水平最高的三个经济体分别是新加坡、中国香港和韩国；作为全球最大的进出口贸易国，中国的贸易便利化水平排名 98 位，明显低于德国、美国、日本、加拿大、法国等其他贸易大国。从分项指标来看，中国在进口文件数、出口文件数、进口成本和出口成本指标方面，与其他国家相差不大，但是在进口时间和出口时间方面与主要贸易国差距明显，一批标准货物在中国的进口时间和出口时间分别为 24 天和 21 天，日本分别为 11 天和 11 天，德国分别为 7 天和 9 天，美国分别为 5.4 天和 6 天，新加坡分别为 4 天和 6 天。导致中国进、出口时间相对较长的原因在于，一笔货物的进出口通常需要与海关、商检、外汇、海事、税务、港口等多个部门打交道，前后需要许多的衔接工作，而我国各职能部门是一种垂直一体化管理模式，各部门间的信息沟通协作不畅，使得货物进出口通关的整体效率相对不高，时间相对较长。

表 2-28 中国与全球主要经济体贸易便利化排名比较(“跨境贸易”指标)

经济体	排名	出口文件(个)	出口时间(天)	出口成本(美元/箱)	进口文件(个)	进口时间(天)	进口成本(美元/箱)
德　国	18	4	9	1 015	4	7	1 050
法　国	10	2	10	1 335	2	11	1 445
韩　国	3	3	8	670	3	7	695
荷　兰	13	4	7	915	4	6	975
加拿大	23	3	8	1 680	3	10	1 680
美　国	16	3	6	1 224	5	5.4	1 289
日　本	20	3	11	829.3	5	11	1 021
新加坡	1	3	6	460	3	4	440
印　度	126	7	17.1	1 332	10	21.1	1 462
英　国	15	4	8	1 005	4	6	1 050
中　国	98	8	21	823	5	24	800
中国香港	2	3	6	590	3	5	565

资料来源：世界银行：2015 Doing Business Report， 2014 年 10 月 29 日发布。

(2) 中国(上海)自由贸易试验区的试点措施

在贸易便利化和货物监管方面，《中国(上海)自由贸易试验区总体方案》第三部分“创新监管服务模式”中指出，要推进实施“一线放开”、坚决实施“二线安全高效管住”和“进一步强化监管协作”，这为自贸试验区的货物监管创新明确了方向。

截至 2014 年 9 月底，海关、商检等其他相关部门已在自贸试验区推出约 33 项贸易便利化试点措施，其中已经具备可复制推广条件的措施 17 条。与“一线放开”有关的试点措施 14 条，可复制推广措施 10 条；与“二线安全高效管住”有关的试点措施 11 条，其中可复制推广措施 8 条；与“进一步强化监管协作”有关的试点措施 8 条，这些措施暂时还不具备可复制推广的条件。

“先入区、后报关”是针对“一线放开”的代表性贸易便利化措施，实施该项措施后，对于一线进境货物，海关依托信息化系统，允许企业凭进境货物的舱单信息先提货进区；上海海关所辖口岸监管场所经营人凭电子信息办理相关货物的提离手续；货物运至区内后，企业再在规定时限内向海关进行进境备案清单申报。“一线检疫、二线检验”是“二线管住”货物监管创新的代表性措施，实行该措施后，在出入境一线实施无豁免检疫，敏感产品外的货物免除检验；二线则实行严格检验。在监管协作方面，国际贸易单一窗口建设是代表性的试点措施，目前上海国际贸易单一窗口建设首期两个试点项目(一般贸易进口货物的申报与结果反馈、船舶出口岸联网核放)已开始运行，主要纳入海事、海关、检验检疫、边检等几个部门。从可复制推广角度看，“先入区、后报关”和“一线检疫、二线检验”已具备可复制推广的条件；国际贸易单一窗口试点刚刚启动，且参与试点企业不多，暂时还不具备可复制推广的条件。

表 2-29 自贸试验区贸易便利化代表性试点措施

贸易监管目标	代表性措施	实施部门	创新措施描述	是否具备可复制推广条件
一线放开	先入区、后报关	海关	对于一线进境货物，依托信息化系统，允许企业凭进境货物的舱单信息先提货进区；货物入区后再报关。	是
二线管住	一线检疫、二线检验	商检	在出入境一线实施无豁免检疫，敏感产品外的货物免除检验；二线则实行严格检验。	是
监管协作	国际贸易单一窗口	市口岸办等	一般贸易进口货物的申报与结果反馈、船舶出口岸联网核放，在单一窗口平台上试点。	否

资料来源：相关部委的制度。

总体来看，现有自贸试验区的贸易便利化尚存在两个突出问题，其一是各部门协同监管的问题，当前的贸易便利化试点措施主要由单个部门各自推出，而对于一笔进出口货物通关而言，涉及多个职能部门的监管，其二是货物状态的分类监管模式还没有建立，在生产分段化趋势下，企业的全球化运作涉及大量的中间品和最终品跨关境流动，当前实行的“一线备案、二线报关”的货物监管模式一定程度上提高了区内企业的贸易物流成本。

(3) 货物监管试点创新的方向:“国际贸易单一窗口”和“货物状态分类监管”

建设“国际贸易单一窗口”是破解贸易监管各部门信息交流不畅的重要手段，因此也是自贸试验区贸易监管改革创新的最终目标。在自贸试验区试点建设“国际贸易单一窗口”，有利于加强海关、商检、港口、海事、外管等各职能部门间的有效沟通，从根本上解决现行口岸管理部门林立、通关环节众多、执法平台封闭运作等突出问题，破解货物通关运作中存在的体制机制性障碍，通过试点建设在全国范围形成可复制、可推广的制度经验，为推动我国货物监管制度的重大改革提供支撑。同时，在区内货物监管方面，应借鉴美国自由贸易区监管制度的经验，对货物状态实行分类监管，使企业可以根据实际运营需求选择不同的生产和贸易方式，降低区内企业的运作成本。

A. “国际贸易单一窗口”建设是全球贸易便利化发展的重要趋势

国际贸易单一窗口的实质是，企业和政府机构通过单一平台实现信息共享和电子数据交流，国际贸易和运输相关各方在单一登记点即可递交满足全部进口、出口和转口相关监管规定的标准资料和单证，之后监管部门将处理状态通过单一平台反馈给申报人。建立国际贸易单一窗口，可以大大提高政府部门的监管效能，减少申报单证的重复录入和数据信息的差错，降低贸易和运输企业的综合物流成本。

在没有单一窗口的环境下，贸易商必须分别与海关、商检、税务、港口、外管等各个职能部门进行相关申报，这些监管部门之间的信息交流不通畅，导致通关效率低下（见图 2-7）；在实行单一窗口的环境下，政府监管机构可以在单一窗口平台上交换信息，实现信息即时共享，大大提高货物通关效率（见图 2-8）。

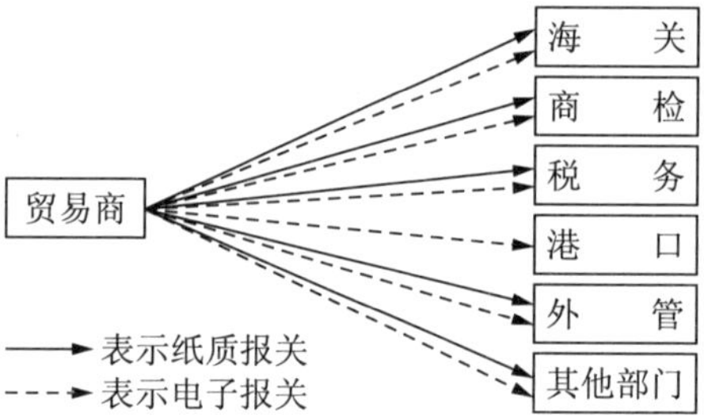

图 2-7　没有单一窗口环境下的货物通关流程

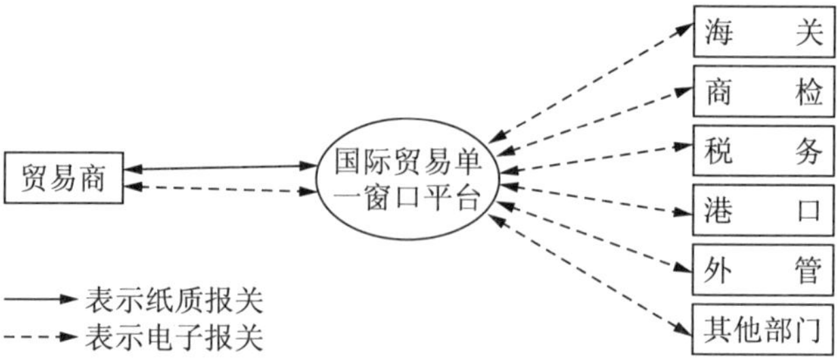

图 2-8　实行单一窗口环境下的货物通关流程

“国际贸易单一窗口”建设实施后，企业和政府机构可以通过国际贸易单一窗口实现信息共享和电子数据交流，大大减少了数据重复输入次数和单证数据差错，大幅降低企业贸易成本和政府管理费用。新加坡的经验证明，“国际贸易单一窗口”建成运营后，新加坡企业平均节省成本40%—60%；政府机构节省费用约50%。[①]“国际贸易单一窗口”建设旨在促进政府和企业间信息流的畅通和简化，有助于提升一国对外贸易的竞争力、效益和效率。

目前，在联合国等国际组织的号召下，全球已有50个多国家建立了“国际贸易单一窗口”(ITSW)，这些国家中不仅有美国、德国、法国、日本、新加坡、韩国等发达国家，甚至还包括哥伦比亚、哥斯达黎加、毛里求斯、土耳其、墨西哥、越南等发展中国家。表2-30列出了已经实施国际贸易单一窗口的发展中国家的贸易便利化情况，在世界银行《2015全球营商环境报告》中，这些国家的贸易便利化水平普遍较高，远远超过发展中国家的平均水平，这些国家中，除了牙买加(第115位)和危地马拉(第102位)的贸易便利化排名低于中国(第98位)外，其他国家的贸易便利化排名均高于中国。国际贸易单一窗口给这些国家贸易便利化带来的最显著的好处是，通关时

① 孟朱明:《联合国国际贸易单一窗口在世界各国的应用及展望》,商务部对外贸易司官网,http://wms.mofcom.gov.cn/article/ztxx/ae/201312/20131200414559.shtml。

间大大缩短，与中国相比，这些国家的进口和出口所需天数明显更少。

表 2-30 已实施国际贸易单一窗口的发展中国家贸易便利化情况

经济体	排名	出口文件（个）	出口时间（天）	出口成本（美元/箱）	进口文件（个）	进口时间（天）	进口成本（美元/箱）
菲律宾	65	6	15	755	7	15	915
哥伦比亚	93	4	14	2 355	6	13	2 470
哥斯达黎加	47	5	14	1 020	5	14	1 070
马来西亚	11	4	11	525	4	8	560
毛里求斯	17	4	10	675	5	9	710
墨西哥	44	4	12	1 499.3	4	11.2	1 887.6
泰　国	36	5	14	595	5	13	760
突尼斯	50	4	16	805	6	20	910
土耳其	90	7	13	990	8	14	1 235
危地马拉	102	8	17	1 355	6	16	1 445
文　莱	46	5	19	705	5	15	770
牙买加	115	6	20	1 580	7	17	2 180
印度尼西亚	62	4	17	571.8	8	26	646.8
约　旦	54	5	12	825	7	15	1 235
越　南	75	5	21	610	8	21	600
中国(未实施)	**98**	**8**	**21**	**823**	**5**	**24**	**800**

资料来源：世界银行：Doing Business Report 2015。

B. 全球“国际贸易单一窗口”建设的主要模式

“国际贸易单一窗口”建设的模式选择将直接影响其建设

成效。根据《建立国际贸易单一窗口(联合国33号建议书)·2005》,从各国已投入运行或正在建设中的单一窗口运作方式来看,可以归纳为三种模式,分别是单一机构模式、单一自动系统模式和单一资料自动处理系统模式。

表 2-31 自贸试验区国际贸易单一窗口的建设方向

	国际上三种主要建设模式		
	新加坡	美　国	瑞　典
建设模式	单一资料自动处理系统模式	单一自动系统模式	单一机构模式
特点	贸易商通过系统单独为一份申请书的处理和审批向不同部门提交电子化贸易申报。	贸易商只需一次性提交标准数据,就会由系统进行处理并分送关注该项交易的机构。	成立或者授权一个单一的政府监管机构(如海关)来处理所有的进出口监管业务,向政府各相关部门传递资料
适合国家	适合贸易自由化程度比较高的小国	适合经济规模大的国家	适合政府职能机构调整比较容易的国家

资料来源:UN/CEFACT,Recommendation No.33:Recommendation and Guidelines on establishing a Single Window,2005。

a. 单一机构模式(A Single Authority)

单一机构模式下,一般会成立或者授权一个单一的政府监管机构(如海关)来处理所有的进出口监管业务,集中收取资料,无论是书面还是电子,并将其向政府各个相关部门传递,如图2-8所示。例如,在瑞典的单一窗口中,海关就要为国家税务局(进口增值税)、瑞典统计局(贸易统计)、瑞典国家农业管理局和国家贸易署(进口许可证)等部门代行所选事务。

b. 单一自动系统模式(A Single Automated System)

针对资料收集和递送的单一自动系统(既面向官方,也面向民间),集成了跨境贸易相关电子数据的收集、使用和递送(及存储)。例如,美国所建立的一套程序,贸易商只需一次性提交标准数据,就会由系统进行处理并分送关注该项交易的机构。该模式下有几种可选方式:(a)集成系统模式,即通过系统处理数据;(b)接口系统(分散处理)模式,即将数据送往机构进行处理;(c)集成系统模式和接口系统模式两者相结合。

c. 单一资料自动处理系统模式(An automated Information Transaction System)

单一资料自动处理系统,贸易商通过这一系统可以单独为一份申请书的处理和审批向不同部门提交电子化的贸易申报。在这一方式中,审批以电子方式从政府部门传输到贸易商的计算机,这一系统在新加坡得到使用,如表2-30所示。该系统与单一自动系统模式最大的区别是,前者实现了资料的自动处理,而后者仅实现资料的自动递送。由于新加坡对95%以上的进口产品都实行零关税,并且在产品进口许可方面的管制也较少,因此通过单一资料自动处理系统,新加坡90%的进出口报关业务都不需要任何的人工介入，系统可以自动处理，用户可以在10分钟之内收到和打印通关许可。

从国际上单一窗口建设的三种模式来看，由于不涉及职能部门监管权限的转移，因此单一自动系统模式和单一资料自动处理系统模式的适用性更为广泛。不同类型的国家对建设模式的选择不尽相同。机构整合比较容易的国家可能会倾向于选择单一机构模式，如瑞典；经济规模较小和贸易自由化程度较高的经济体可能会选择单一资料自动处理系统模式，如新加坡等；而经济规模较大的经济体则倾向于选择单一自动系统模式，如美国、日本等，这些国家的贸易自由化程度远不及新加坡等单独关境区国家，相当部分的单据资料还需要通过人工在线审核后通过系统传送，因此这些国家通常会选择“单一自动系统”模式的单一窗口。

C. 自贸试验区“国际贸易单一窗口”建设的框架与方向

目前，上海口岸工作领导小组会议审议通过了《上海国际贸易单一窗口建设工作方案(审议稿)》，根据审议稿，上海计划用三年左右时间，基本建成上海国际贸易单一窗口，包含货物进出口、运输工具、进出口许可、支付结算、企业资质、信息查询六个方面，在洋山保税港区率先进行试点的上海国际贸易“单一窗口”已于2014年6月正式上线运行，成为全国首个单一窗口。因此，总体上看，上海国际贸易“单一窗口”

表 2-32 自贸试验区国际贸易单一窗口建设的方向

主体 内容	新加坡	美　国	瑞　典	自贸试验区的建设方向	未来是否可复制推广
建设模式	单一资料自动处理系统模式	单一自动系统模式	单一机构模式	单一自动系统（接口系统模式）	是
参与部门	海关等 30 多个部门	与贸易监管有关的各个部门	与贸易监管有关的各个部门	分阶段纳入	是
主要功能	进口、出口、转口	进口、出口、转口	进口、出口、转口	一般贸易、加工贸易、转口贸易、保税区贸易	保税区贸易在海关特殊监管区域推广；其他在全国范围推广
法律保障	制定了证据法（1996）、电子贸易法（1998）等	海关与边境保护局成立专门小组负责法规审核	制定了关于电子签名等方面的新法规	提前进行法律法规制定和修订	是
数据元标准	WCO DATA MODEL，并有专门部门负责数据元标准化	WCO DATA MODEL，并有专门部门负责数据元标准化	WCO DATA MODEL，并有专门部门负责数据元标准化	制定专门机构负责数据元标准化工作	是

资料来源：UN/CEFACT，Recommendation No.33：Recommendation and Guidelines on establishing a Single Window，2005； UNECE，Recommendation 35：Establishing a Legal Framework for an International Trade Single Window，2013。

建设基本符合贸易监管的国际趋势。从主要国家国际贸易单一窗口建设的经验看，自贸试验区的“国际贸易单一窗口”建设的框架和方向可以在以下几个方面进一步明确。

第一，从建设模式看，从我国国情出发，自贸区的国际贸易单一窗口建设更适合采用类似美国、日本那样的“单一自动系统”模式，而且是其中的“单一自动系统（接口系统模式）”。这是因为，我国海关、商检、海事、外管等各个部门都属于中央到地方的垂直化管理，各自拥有自己的一套独立的信息系统，而“单一自动系统（集成系统模式）”和“单一资料自动处理系统”需要将各部门的后台系统全部集成到一个系统或平台上审核，因而缺乏可行性和可操作性。“单一自动系统（接口系统模式）”只要求将各部门信息系统的接口接入到单一窗口的系统平台上，因而具有较强的可操作性。

第二，从参与部门看，新加坡、美国和瑞典单一窗口的参与部门几乎都包括与贸易监管有关的所有部门。以瑞典为例，瑞典的国际贸易单一窗口上纳入了海关、商务部、农业部、国家战略监察局、统计局、税务局、警察局等各个部门，瑞典的单一窗口可以从报关单中自动提取国际贸易统计数据并传送给瑞典统计局；企业可以通过单一窗口向海关支付增值税，并自动把该信息传递到国家税务局；瑞典海关通过单一窗口可以与国家债务办公室或者欧委会实现关税自动划拨；公民可以通过单一窗口向海关进行宠物申报；该平台也能处理武器弹药的申报并把信息传至瑞典警方(孟朱明，2012)。因此，从未来的发展方向看，自贸试验区的国际贸易单一窗口应分阶段纳入与货物监管有关的部门，前期可以纳入海关、商检、海事、港口等涉及货物和交通工具进出境的监管部门，后期再考虑纳入外管、税务和涉及贸易许可的职能部门。

第三，从主要功能看，新加坡、美国和瑞典单一窗口的功能囊括了进口、出口和转口贸易等几种主要的贸易方式。相对而言，自贸试验区国际贸易单一窗口建设的功能定位应更为多样化。这是因为，作为全球最大的货物贸易国，我国进出口贸易方式多元化，既有国际上通行的一般贸易和转口贸易，也有极具中国特色的加工贸易；同时，自贸试验区本身拥有保税区的功能，保税区进出口贸易占自贸试验区贸易的比重达1/4以上。因此，自贸试验区国际贸易单一窗口建设的功能不仅包含一般贸易、转口贸易和加工贸易，同时也要根据保税区的政策优势和功能特色，设计符合保税区贸易的单一窗口功能模块。从可复制推广的路径设计来看，一般贸易、加工贸易和转口贸易功能模块可以在全国范围复制推广；保税区贸易功能模块可以向全国海关特殊监管区域内复制推广。

第四，从法律保障看，虽然单一窗口设施可能会对政府和企业带来大量的经济效益，但其运营过程中必然存在各种法律问题，国际贸易单一窗口运营的关键是确保数据交换的透明度和安全性。国际贸易单一窗口的法律框架一般包括以下三个方面：其一是法律基础，即通过法律、法规或法令对单一窗口授权，为政府部门间数据进入和分享以及跨境信息交换授权；其二是授权法律框架，包含竞争、争议解决和责任问题、数据质量、数据保护、数据隐私和数据电子签名交换、电子文件同纸质文件的等价、电子订约等；其三是法律的国际标准，即非歧视性、技术中立、法律互相操作性和地理中立等。在其他国家的建设经验来看，新加坡、美国和瑞典在单一窗口建设的过程中，都提前进行了法律法规制定方面的设想和规划，比如新加坡分别制定了证据法（1996 年）、电子贸易法（1998 年）等，这些法律法规的出台保障了单一窗口的顺利运行。因此，自贸试验区在进行建设国际贸易单一窗口时，也要同步启动相关法律法规的修订和制定。

第五，从数据元标准来看，新加坡、美国和瑞典在单一窗口建设全部启用了世界海关组织（WCO）的数据模型，并且有专门的部门负责对数据元进行标准化。数据元的标准化是国际贸易单一窗口建设的一个至关重要的前期基础性工作，做好这个基础性工作不仅有利于推动后续各部门信息系统对接的程序简化和效率提升，而且有利于未来我国海关在《全球贸易安全与便利标准框架》（WCO SAFE）下进行国际合作。目前，

表 2-33 UN/CEFACT 发布 33 个建议书以及我国对应的国家标准

序号	英文名称	中文名称	国家标准
1	United Nations Layout Key for Trade Documents	联合国贸易单证样(UN-LK)	GB/T14392-2009
2	Location of Codes in Trade Documents	贸易单证中代码的位置	GB/T14393-2008
3	Codes for Representation of Names of Countries	国家名称的代码表示	GB/T2659-2000
4	National Trade Facilitation Bodies	全国性贸易便利化机构	中国国家贸易便利化机构成立于 1995 年
5	Abbreviations of INCOTERMS	国际贸易术语字母代码	GB/T15423-1994
6	Aligned Invoice Layout Key for International Trade	国际贸易商业发票样式	GB/T15310.1-2009
7	Numerical Representation of Date, Time, and Period of Time	日期、时间和时间期限的数字表示	GB/T7408-2005
8	Unique Identification Code Methodology	唯一标识编码方法(UNIC)	
9	Alphabetical Code for Representation of Currencies	表示货币的字母代码	GB/T12406-2008
10	Codes for Ship's Name	船舶名称代码	GB/T18366-2001
11	Documentary Aspects of the International Transport of Dangerous Goods	国际危险品运输文件	

（续表）

序号	英文名称	中文名称	国家标准
12	Measures Facilitate Maritime Transport Documents Procedures	海运单证简化程序措施	
13	Facilitation of Identified Legal Problems in Import Clearance Procedures	在进口清关程序中确定法律问题的简化措施	
14	Authentication of Trade Documents by Means Other Than Signature	用非签署方式对贸易单证认证	
15	Simpler Shipping Marks	简化运输标志	GB/T18131-2000
16	Codes for Ports and Other Locations	口岸及相关地点代码	GB/T15514-2008
17	Payments—Abbreviations for Terms of Payment	付款条款缩写	GB/T18126-2010
18	Facilitation Measures Related to International Trade Procedures	有关国际贸易便利化措施	
19	Code for Modes of Transport	运输方式代码	GB/T6512-1998
20	Codes for Units of Measure Used in International Trade	国际贸易计量单位代码	GB/T17295-2008
21	Codes for Types of Cargo, Packages and Packaging Materials	货物、包装以及包装类型代码	GB/T16472-1996

（续表）

序号	英文名称	中文名称	国家标准
22	Layout Key for Standard Consignment Instructions	标准托运单证样式	
23	Freight Cost Code	运费代码	GB/T17152-2008
24	Trade and Transport Status Codes	贸易和运输状态代码	
25	UN/EDIFACT	行政、商业和运输业电子数据交换	已研制 30 多项国家标准
26	Commercial Use of Interchange Agreements for EDI	电子数据交换用商用交换协议	GB/T17629-1998
27	Pre-shipment Inspection	装运前检验	
28	Codes for Types of Means of Transport	运输工具类型代码	GB/T18804-2002
29	Electronic commerce agreement	电子商务协议	GB/T19252-2001
30	E-commerce self-regulatory instrument	电子商务自律办法	
31	Establishing a single window for international trade	建立国际贸易单一窗口	
32	Data Simplification and Standardization for International Trade	国际贸易数据简化与标准化	
33	Establishing a legal framework for international trade Single Window	建立国际贸易单一窗口的法律框架	

注：孟朱明：《联合国国际贸易单一窗口教程》，中国商务出版社 2012 年版，第 2—3 页。

许多国家在建设国际贸易单一窗口时都采用了世界海关组织的WCO Data Model第3版作为数据元的参考标准，数据元的国际标准化，有利于未来我国海关在《全球贸易安全与便利标准框架》（WCO SAFE）下进行国际合作。从国际经验来看，美国国际贸易单一窗口项目主导机构曾对不同部门所要求的全部表格进行了审核，汇集了一份3 000项数据的数据元清单，该机构花费大量时间将90%的冗余数据削减，缩短到一个不足200个数据元组成的标准数据集，大大提高了后续单一窗口建设的运作效率。我们建议，借鉴美国的经验，成立或指定专门的协调机构，负责对各部门涉及进出口通关监管方面的数据元标准化推进和协调工作，数据元的标准化要符合国际惯例，主要参考联合国贸易便利化与电子业务中心（UN /CEFACT）发布的33个建议书。

D. 试点“货物状态分类监管”模式，满足企业全球化运作的需求

从自贸试验区作为特殊监管区的角度看，货物状态的分类监管是改革制度、创新监管模式和提高贸易便利化的重要突破口。目前，自贸试验区实行“一线备案、二线报关”的模式，即货物从国外进出入自贸试验区时采用进出境备案清单管理；货物从境内关外进出入自贸试验区则实行实际报关监管。在生产分段化趋势下，企业的全球化运作涉及大量的中间品和最

表 2-34　美国自由贸易区货物状态分类监管制度

序号	货物状态	描　述	监管方式和程序
1	国内货物地位（Domestic status）	以下商品可以认定为国内货物地位： （1）美国本土生长、生产和制造的货物，且已缴纳国内税； （2）之前进口时已经缴纳过关税和相关税费的商品； （3）之前进口的免于缴纳关税和相关税费的商品	（1）国内地位货物（包括用于国内包装和维修物资的国内货物）无须申请或批准即可运入对外贸易区，海关署长另有指令除外。 （2）国内地位货物的加工、制造、展示、销毁或转运至海关关境也不需要申请或批准，除非其与其他对外贸易区地位的货物混合或海关署长另有指令。
2	对外贸易区受限地位（Zone-restricted status）	从海关关境运入对外贸易区并仅用于出口、损毁（烈酒、葡萄酒与发酵麦芽酒除外）或储存的任何货物将被视为出口，经申请可以被认定为对外贸易区受限地位。	（1）只要货物位于对外贸易区内，任何时间均可提出申请对外贸易区受限地位，但一经授予就不能随意放弃；（2）对外贸易区受限地位货物不得再被运回美国海关关境用于国内消费，除非委员会认为那样做符合公共利益；（3）如果货物是为最终出口而申请对外贸易区受限地位，则货物运入对外贸易区的所有行为都应遵照货物实际出口的要求。

（续表）

序号	货物状态	描　述	监管方式和程序
3	特惠外国地位（Privileged foreign status）	外国货物没有被处理或制造以至于产生税率分类的改变，可以向海关申请特惠外国地位。	申请人应在提交请求许可货物运入对外贸易区的申请时一并向口岸海关关长提出特惠外国地位申请，也可以在货物被运入对外贸易区后用于不会影响税则归类的加工或制造之前的任何时间内提出，同时还应附上发票，表明该特惠外国地位货物所适用的关税税率和协调制度税号。
4	非特惠外国地位（Nonprivileged foreign status）	以下情况可以申请非特惠外国地位：（1）对外贸易区内不具有特惠外国地位或具有对外贸易区受限地位的外国货物；（2）对外贸易区内特惠或非特惠外国地位货物经过加工或制造后产生的可回收废料；（3）特定国内货物，即对外贸易区内国内货物由于不符合法律规定而失去国内货物地位的货物。	非特惠外国地位货物的税则归类按照货物运入海关关境时的实际货物性质进行。

数据来源：Electronic Code of Federal Regulations，Title 19：Customs Duties，Part 146—Foreign Trade Zones。

终品跨关境流动，当前的货物监管模式一定程度上提高了区内企业的贸易物流成本。建议借鉴美国自由贸易区监管制度的经验(表 2-34)，对货物状态实行分类监管，使企业可以根据实际运营需求选择不同的生产和贸易方式，降低区内企业的运作成本。

参考文献

中文文献

［1］曹红辉：《人民币区域化的新进展及发展态势》，《中国金融》2008 年第 10 期。

［2］陈雨露、王芳、杨明：《作为国家竞争战略的货币国际化：美元的经验证据——兼论人民币的国际化问题》，《经济研究》2005 年第 2 期。

［3］甘国栋：《人民币资本项目自由兑换可行性研究及政策建议》，对外经贸大学学位论文，2007 年。

［4］高海红：《人民币国际化的含义与条件》，《国际经济评论》2010 年第 1 期。

［5］韩冰：《美国对外投资政策法律新进展——基于 2012 年美国双边投资协定范本的分析》，《中国社会科学院世界经济与政治研究所国际投资研究室季度报告》，2013 年 5 月。

［6］何慧刚：《资本账户开放、汇率制度与人民币国际化》，《社会科学辑刊》2007 年第 3 期。

［7］胡海峰、代松：《后金融危机时代系统性风险及其测度评述》，《经济学动态》2012 年第 4 期。

［8］姜波克、张青龙：《货币国际化：条件与影响的研究综述》，《新金融》2005 年第 8 期。

［9］赖娟、吕江林：《基于金融压力指数的金融系统性风险的测度》，《统计与决策》2010 年第 19 期。

［10］李稻葵：《人民币国际化：计量研究及政策分析》，《金融研究》2008 年第 11 期。

［11］李墨丝、彭羽、沈玉良：《中国（上海）自由贸易试验区：实现国家战略的可复制和可推广》，《国际贸易》2013 年第 12 期。

［12］联合国贸易和发展会议：《国际投资规则的制定：评估、挑战与前景展望》，2008 年。

［13］梁勇、东艳：《中美双边投资协定谈判：制度因素、核心条款与应对策略》，《中国社会科学院世界经济与政治研究所国际问题研究系列工作论文》2013 年第 14 期。

［14］林毅夫、蔡昉、李周：《中国的奇迹：发展战略与经济改革》，上海人民出版社 1999 年版。

［15］林毅夫：《为什么我们预测的正确？》，《中国的奇迹》出版 20 周年序（上），http：//www.21ccom.net/articles/economics/dongjian/20141011114487_all.html。

［16］刘吕科、张定胜、邹恒甫：《金融系统性风险衡量研究最新进展述评》，《金融研究》2012 年第 11 期。

[17] 刘仁伍、郑南源、王去非：《宏观审慎管理：框架、机制与政策》，社会科学文献出版社 2012 年版。

[18] 马君潞：《金融改革就是使灰色金融正规化，正规金融市场化》，http://news.xinhuanet.com/fortune/2005-11/01/content_3711288.htm。

[19] 美中贸易全国委员会：《美国双边投资协定负面清单内容概述》，2013 年。

[20] 美中贸易全国委员会：《美中贸易全国委员会关于上海自由贸易区评论》，2014 年 8 月 26 日。

[21] 美中贸易全国委员会：《美中贸易全国委员会关于中国(上海)自由贸易试验区负面清单修改以及其他相关改革的建议》，2014 年。

[22] 矞朱明：《联合国国际贸易单一窗口教程》，中国商务出版社 2012 年版。

[23] 沈玉良、冯湘：《NAFTA 类型及其中国(上海)自由贸易试验区制度设计导向》，《世界经济研究》2014 年第 7 期。

[24] 沈玉良、李墨丝等：《国际服务贸易新规则研究》，对外经贸大学出版社 2014 年版。

[25] 斯琴图雅：《人民币资本项目自由兑换条件的重新思考》，《武汉金融》2009 年第 6 期。

[26] 万晓莉：《中国 1987—2006 年金融体系脆弱性的判断

与测度》,《金融研究》2008 年第 6 期。

[27] 王新奎:《中国(上海)自贸试验区改革的重点:对外商投资准入实施“负面清单”管理》,《上海对外经贸大学学报》2014 年第 1 期。

[28] 吴炳辉、何建敏:《中国利率市场化下的金融风险理论》,《财经科学》2014 年第 3 期。

[29] 姚枝仲:《如何应对中美双边投资协定的实质性谈判》,《中国社会科学院世界经济与政治研究所国际投资研究室季度报告》2013 年第 20 期。

[30] 叶李伟:《金融市场化改革提速中的冷思考》,《亚太经济》2014 年第 1 期。

[31] 易纲:《中国改革开放三十年的利率市场化进程》,《金融研究》2009 年第 1 期。

[32] 张瑾:《基于金融风险压力指数的系统性金融风险评估研究》,《上海金融》2012 年第 9 期。

[33] 赵进文、张胜保、韦文彬:《系统性金融风险度量方法的比较与应用》,《统计研究》2013 年 10 月。

[34] 赵玉梅:《国际投资体系中的准入前国民待遇——从日韩投资国民待遇看国际投资规则的发展趋势》,《国际贸易》2012 年第 3 期。

[35] 中国美国商会:《2013 中国美国商会年度商务环境调

查报告》，2013 年。

［36］中国美国商会：《中国投资环境的机遇与挑战》，2013 年。

［37］中国欧盟商会：《欧盟企业在中国建议书 2013 / 2014》，2013 年。

［38］中国欧盟商会：《欧盟企业在中国建议书 2014 / 2015》，2014 年。

［39］经济合作与发展组织：《互联经济体：受益于全球价值链》，中国商务出版社 2013 年版。

英文文献

［1］Acharya V. V., Pedersen L. H., Philippon T., Measuring Systemic Risk, AFA 2011 Denver Meetings Paper, 2010.

［2］Adrian T., Brunnermeier M. K., COVAR, NBER Working Paper No. 17454, 2011.

［3］Bekaert, CR Harvey, Does the Financial Liberalization Spur the Growth?, 2001, NBER Working paper.

［4］Brownlees C. T., Engle R., Volatility, Correlation and Tails for Systemic Risk Measurement, Social Science Research Network, Working Paper, 2011.

[5] Buckley, P.J. and Casson, M.C. 1976, *The Future of the Multinational Enterprises*, Homes & Meier: London.

[6] Djankov, Pham. 2006, Trading on Time, World Bank, Development Research Group, Trade Team.

[7] Edward S. Shaw, *Financial Deepening in Economic Development*, New York: Oxford University Press, 1973.

[8] European Central Bank, Financial Stability Review, June 2009, http://www.ecb.europa.eu/pub/pdf/other/financialstabilityreview200906en.pdf??a57d8a5471a9dcf458ebc2db64b1cff8.

[9] Felipe and Kumar. 2012, The Role of Trade Facilitation in Central Asia, *Eastern European Economics*, 50(4): 5—20.

[10] Gianni De Nicolò and Marcella Lucchetta, 2010, Systemic Risks and the Macroeconomy, IMF Working paper(WP/10/29).

[11] Girardi G., Ergün A. T., Systemic Risk Measurement: Multivariate GARCH Estimation of COVAR, Social Science Research Network, Working paper, 2011.

[12] GROUP of TEN, Report on Consolidation in the Financial Sector, January 2001, http://www.bis.org/publ/gten05.pdf.

[13] Henrik Horn, Petros C., Mavroidis and André Sapir. 2010. Beyond the WTO? An Anatomy of EU and US Preferential Trade Agreements, *World Economy*, 33(11): 1565—88.

[14] IMF, BIS & FSB, Guidance to Assess the Systemic Importance of Financial Institutions, Markets and Instruments: Initial Considerations, October 2009, http://www.bis.org/publ/othp07.pdf.

[15] International Monetary Fund, Global Financial Stability Report, April 2014, http://www.imf.org/External/Pubs/FT/GFSR/2014/01/pdf/text.pdf.

[16] Iwanow & Kirkpatrick. 2007, Regulatory Quality And Export Performance, *Trade Facilitation*.

[17] John B. Taylor, Defining Systemic Risk Operationally, http://web.stanford.edu/~johntayl/Defining%20Systemic%20Risk%20Operationally%20Revised.pdf.

[18] John Ure. 2005. ICT Sector Development in Five Central Asian Economies: A Policy Framework.

[19] For Effective Investment Promotion and Facilitation, Journal of International Development, 19: 735—753. A Paper for UN ESCAP September.

[20] JushanBai and Serena Ng, 2002, Determining the Number of Factors in Approximate Factor Models, *Econometrica*, Vol.70, No.1: pp.191—221.

[21] JushanBai and Serena Ng, 2007, Determining the Number of Primitive Shocks in Factor Models, *Journal of Business & Economic Statistics*, Vol.25, No.1: pp.52—60.

[22] K.C.Chakrabarty, Systemic Risk Assessment-the Cornerstone for the Pursuit of Financial Stability, BIS Central Bankers' speeches, 3 April 2012.

[23] Kejzar. K.Z. 2011, Investment Liberalisation and Firm Selection Process: A Welfare Analysis From a Host-country Perspective, *The Journal of International Trade & Economic Development*, 20:357—377.

[24] Kinoshita Y., Campos N. 2004, Estimating the Determinants of Foreign Direct Investment Inflows: How Important are Sampling and Omitted Variable Biases?, CEPR: WDI Transition Conference.

[25] Komulalnen, Lukkarila, What Determines Firms Size, *Journal of International Development*, 2001, 9(4): 68—79.

[26] Martinez-Zarzoso Inma and M'arquez-Ramos Laura. 2008, The Effect of Trade Facilitation on Sectoral Trade, *The*

B.E.Journal of Economic Analysis & Policy, 8(1):67—79.

[27] OECD. 2003, Trade Facilitation: The Benefits of Simpler, more Transparent Border Procedures, the OECD Policy Brief[R/OL]. www.oecd.org/dataoecd/35/50/8920454.pdf.

[28] OECD. 2006, *Policy Framework for Investment: A Review of Good Practices*, OECD Publishing.

[29] Pierre Latrille and Juneyoung Lee. 2012, Services Rules in Regional Trade Agreements: How Diverse and How Creative as Compared to the GATS Multilateral Rules, WTO Staff Working Paper ERSD-2012-19.

[30] Raymond W. Goldsmith, *Financial Structure and Development*, Yale University Press, 1969.

[31] Ronald I. McKinnon, *Money and Capital in Economic Development*, Washington: Brookings Institution, 1973.

[32] Shayerah Ilias Akhtar and Vivian C.Jones, 2013, Proposed Transatlantic Trade and Investment Partnership (TTIP): In Brief[R]. CRS Report R43158.

[33] Stock H. James, and Mark W.Watson, 2005, Implications of Dynamic Factor Models for VAR Analysis, NBER Working Paper No.11467.

[34] UN/CEFACT, Recommendation No.33: Recom-

mendation and Guidelines on Establishing a Single Window, 2005.

[35] UNCTAD. 1968, *The Kennedy Round Estimated Effects on Tariff Barriers*, New York: United Nations(UN).

[36] UNCTAD. 2009, Promoting Investment and Trade: Practics and Issues, http://unctad.org/en/docs/diaepcb20099_en.pdf.

[37] UNCTAD.2014, World Investment Report 2014-Investing in the SDGs: An Action Plan.

[38] Wilson, Mann, and Otsuki. 2003, Trade Facilitation and Economic Development: A new Approach to Quantifying the Impacct, *The World Bank Economic Review*, 17(3): 367—389.

[39] WTO. 2011, World Trade Report 2011.

后记

自由贸易试验区是中国新一轮对外开放的战略选择，担负着实现中华民族伟大复兴中国梦的重要历史使命。

本书写作过程中，得到了上海市发展与改革委员会和中国(上海)自由贸易试验区管理委员会的大力支持，他们组织了多次座谈会，与上海市海关、商检、海事、口岸办等职能机构，以及自贸试验区内各行业内企业近距离接触，得到大量第一手的调研资料。同时课题组走访了中国人民银行上海总部国际结算部施俐娅副主任、中国(上海)自由贸易试验区管理委员会经济发展局王彬局长、政策研究室吴蓉主任、工商局自贸区分局洪滢等政府官员，东方久信集团王一明副总经理、中国建设银行自贸区分行黄向东副行长等企业界领导，美中贸易全国委员会商务和政策研究经理江玲玲女士。在写作过程中得到了上海社会科学院世界经济研究所孙立行博士、上海对外经贸大学国际经贸学院章韬博士的指导。在出版过程中得到了上海市委宣传部理论处的帮助，再次一并感谢。当然，报告中的观点作者负责。

本研究报告是上海市社会科学创新研究基地暨上海发展战

略研究所沈玉良工作室的研究成果，由上海社会科学院世界经济研究所沈玉良研究员负责统筹，并撰写第一章，第三章，第四章第一节、第三节，第五章第一节、第三节；彭羽副研究员撰写第六章和第七章。李墨丝副研究员(上海对外经贸大学)撰写第四章第二节、第五章第二节；高磊在读博士(上海财经大学)撰写第二章。

感谢上海人民出版社在本书出版过程中的辛勤劳动。

图书在版编目(CIP)数据

建设开放度最高的自由贸易试验区/沈玉良著.—
上海:上海人民出版社,2015
(上海报告)
ISBN 978-7-208-12739-5

Ⅰ.①建… Ⅱ.①沈… Ⅲ.①自由贸易区-研究-上海市 Ⅳ.①F752.851

中国版本图书馆 CIP 数据核字(2015)第 000766 号

责任编辑 鲍 静
封面设计 一步设计

·上海报告·
建设开放度最高的自由贸易试验区
沈玉良 著

出 版	世纪出版集团 上海人民出版社 (200001 上海福建中路193号 www.ewen.co)
发 行	世纪出版集团发行中心
印 刷	上海商务联西印刷有限公司
开 本	720×1000 毫米 1/16
印 张	16.25
插 页	2
字 数	141,000
版 次	2015 年 2 月第 1 版
印 次	2015 年 2 月第 1 次印刷

ISBN 978-7-208-12739-5/F·2284

定 价 48.00 元